MW01528915

BESTSELLER

Hugo Cuesta es abogado corporativo internacional desde hace más de 25 años; vicepresidente internacional de Meritas Law Firms Worldwide, con presencia en más de 90 países; socio director de una prestigiada firma de abogados en México; maestro en la Universidad Panamericana, y profesor invitado del IPADE, así como consejero de diversas multinacionales y fundaciones. También es expositor recurrente en temas de derecho internacional en distintos países, y es coordinador del capítulo de Inversión en el "cuarto de junto" en la renegociación de los tratados internacionales TLCAN 2.0, TLCUEM 2.0 y Alianza del Pacífico 4. Impulsor de proyectos de alto impacto social en la educación, la familia y la transparencia. Además de ser esposo y padre de familia, le apasionan la caminata, la lectura y el buen vino.

HUGO CUESTA

LA CRISIS DE LA MITAD DE LA VIDA

Haz un alto en el camino

DEBOLS!LLO

El papel utilizado para la impresión de este libro ha sido fabricado a partir de madera
procedente de bosques y plantaciones gestionadas con los más altos estándares ambientales,
garantizando una explotación de los recursos sostenible con el medio ambiente y beneficiosa para las personas.

Penguin
Random House
Grupo Editorial

La crisis de la mitad de la vida
Haz un alto en el camino

Primera edición en Debolsillo: julio, 2022

D. R. © 2018, Hugo Cuesta

D. R. © 2022, derechos de edición mundiales en lengua castellana:
Penguin Random House Grupo Editorial, S. A. de C. V.
Blvd. Miguel de Cervantes Saavedra núm. 301, 1er piso,
colonia Granada, alcaldía Miguel Hidalgo, C. P. 11520,
Ciudad de México

penguinlibros.com

Diseño de portada: Penguin Random House / Ramón Navarro

Penguin Random House Grupo Editorial apoya la protección del *copyright*.
El *copyright* estimula la creatividad, defiende la diversidad en el ámbito de las ideas y el conocimiento,
promueve la libre expresión y favorece una cultura viva. Gracias por comprar una edición autorizada
de este libro y por respetar las leyes del Derecho de Autor y *copyright*. Al hacerlo está respaldando a los autores
y permitiendo que PRHGE continúe publicando libros para todos los lectores.

Queda prohibido bajo las sanciones establecidas por las leyes escanear, reproducir total o parcialmente esta obra
por cualquier medio o procedimiento así como la distribución de ejemplares
mediante alquiler o préstamo público sin previa autorización.
Si necesita fotocopiar o escanear algún fragmento de esta obra diríjase a CemPro
(Centro Mexicano de Protección y Fomento de los Derechos de Autor, https://cempro.com.mx).

ISBN: 978-607-381-611-3

Impreso en México – *Printed in Mexico*

Índice

A Dios: por permitirme participar en
la apasionante aventura de existir.

A mi familia: mi motor, mi razón de
ser, mi inspiración.

A mis amigos y colegas: por caminar
juntos el camino de la vida.

Primera llamada

En medio del camino de la vida
me encontré por una selva oscura…

Dante Alighieri.
La Divina Comedia,
Canto primero

"Este cierre debió haber sido en Los Pinos", me comentó el notario que elegimos para protocolizar el que sería un acto histórico de coinversión entre nuestro cliente, Daimler Mercedes Benz, y Renault/Nissan. Pero no fue en Los Pinos, sino aquí: en el salón de un hotel en Campos Elíseos, en la Ciudad de México. Un salón que, por otra parte, no dejaba nada al azar: estaba perfectamente bien montado para 70 personas, con todos los servicios. Los nombres y los puestos de los funcionarios que aparecían en los caballetes permitían darse una idea de la importancia de la reunión. Destacaba un par de CEOS, que habían viajado más de 14 horas sólo para estar en este cierre.

Era un evento trascendente, que había sido anunciado por el presidente de la República a los medios y que suponía uno de los momentos más notables en la industria automotriz global. Al día siguiente la noticia aparecería en los diarios de todo el mundo.

No sólo era relevante para México y los otros países involucrados. También lo era para mí. Llevábamos trabajando en la firma dos años para lograr este cierre. Literalmente, miles de horas mías y de mi equipo estaban volcadas en el proyecto que hoy culminaba. Atrás quedaban las interminables juntas, viajes al otro lado del Atlántico y gran cantidad de videoconferencias semanales a altas horas de la noche, para empatar los husos horarios de los participantes, amén de álgidas negociaciones con las contrapartes, en las cuales hubo necesidad de atenuar diferencias no sólo comerciales y legales, sino causadas por la idiosincrasia de nacionalidades tan disímbolas entre sí, y tratar con funcionarios de alto nivel, acostumbrados a mandar y exigir.

Habíamos sido elegidos para representar a Daimler Mercedes Benz entre diversas firmas legales, todas de gran prestigio. Por si fuera poco, era la operación financiera más grande en la que yo hubiera participado. El negocio implicaba de forma directa la inversión de mil millones de dólares. De una forma u otra, en mi interior, la firma de este convenio representaba una meta importante en mi vida y en mi carrera. Este salón de Polanco era el escenario donde confluían años y años de trabajo y esfuerzo: era la actualización de mi éxito profesional, mi boleto de entrada al selecto grupo de abogados internacionales que podían presumir en su currículum una coinversión tan relevante. Sentía que por fin lo había logrado.

Poco a poco llegaron todos los asistentes y el moderador empezó a pasar lista. Una vez más, los nombres me impresionaron, aunque mantuve el rostro tranquilo. Alrededor de la mesa había una cantidad prácticamente incuantificable de experiencia, poder y recursos. La reunión comenzó y las diferentes empresas hicieron su esfuerzo por mostrar músculo, cada una a su estilo, pero todas mandando señales de fortaleza. Aunque las 500 páginas que integraban los siete documentos a firmar habían sido aprobadas y se encontraban listas, los ejecutivos jugaban en cada centímetro posible su juego, haciendo comentarios aparentemente inocuos que dejaban en claro el calibre de su experiencia negociadora.

Siendo ésta una operación que tendría sus principales efectos en México, el equipo legal mexicano que yo encabezaba tenía una responsabilidad especial. Cualquier error de último momento o cuestionamiento al que no diéramos adecuada respuesta podría ocasionar un desastre, y un gran fracaso no sólo para el conglomerado automotriz que representábamos, sino también para mí y para mi equipo. La habitación se sumergió en una tensa calma durante algunas horas hasta que, finalmente, se aprobaron los documentos de cierre y todos firmaron.

Por fin, después de varios meses, pude respirar.

Tras la firma hubo una sesión de fotografías. Después estaba prevista una impecable celebración, muy al estilo alemán. Brindaríamos por el cierre al que Daimler Mercedes Benz se refirió como "un hito en la historia moderna de la industria automotriz". Era la suma del lujo alemán y la eficiencia nipona.

La relevancia de esta operación en el mundo legal corporativo también era incuestionable. Compitió entre las transacciones más representativas de ese año entre las revistas especializadas para el *Deal of the year* —La operación del año—.

Yo había esperado en ese momento experimentar una de las emociones más grandes de mi vida. Era la operación insignia por la que había trabajado tanto, la que imaginaba hace 25 años cuando vislumbraba mi vida futura como abogado. Esperaba sentirme extasiado y pleno. Esperaba sentir mariposas en el estómago, pero nada de eso llegó. Fuimos a cenar; después a dormir. "Quizá las mariposas lleguen mañana", pensé.

Pero las mariposas no llegaron al día siguiente. Ni al siguiente. No sentí ninguna de las cosas que esperaba sentir, o que debería haber sentido. Por el contrario, el sol de la mañana trajo sus propios pendientes y llamadas; había otras operaciones en el horno que debía atender. Antes de que pudiera darme cuenta, y sin haber celebrado internamente el cierre más grande de mi vida, me encontraba preparando el siguiente. El de ayer se convirtió en un cierre más, en un día más de trabajo. El momento más grande de mi carrera se transformó en rutina y pasó casi inadvertido.

Lo que sentí, más bien, fue una desilusión comparable con la que recuerdo el día que cumplí 15 años y me di cuenta de que mi cumpleaños era un día más, un día normal. Ni sonaban las trompetas ni cambiábamos realmente. Convertirnos en adultos llevaría aún muchos años, muchos errores y muchos retos. Algunos seguimos aún en el proceso.

En su autobiografía *Open,* Andre Agassi, uno de los más grandes tenistas de la historia, da cuenta de un momento similar. Después de años y años de extenuante trabajo y lucha, de comer y dormir mal, de vivir viajando de un lado a otro y de haber estado en la ruina tras alejarse de su familia siendo aún un niño, el joven Andre logró coronarse en su primer *slam* o gran torneo de tenis: el Campeonato de Wimbledon, contra el croata Goran Ivanisevic.

Ganar un *slam* (hay cuatro: Australian Open, US Open, Roland Garros y Wimbledon) era un logro que Andre consideraba lejano y casi inalcanzable. Antes había jugado y perdido en varios de ellos. Perderlos era rutina, pero ganar Wimbledon en 1992 trajo a Agassi fama, fortuna y riqueza; lo convirtió por primera vez en ídolo de miles, y fue asediado por *paparazzi* y patrocinadores por igual. Poco después se casó con la estrella de Hollywood Brooke Shields. Tras ganar su primer *slam* Agassi estaba en las nubes. O debería haberlo estado.

Pero en sus propias palabras, Andre Agassi relata: "Siento como si me hubieran dejado formar parte de un pequeño y sucio secreto: ganar no cambia nada. Ahora que he ganado un *slam,* sé algo que muy pocas personas tienen permitido saber: que la victoria no se siente tan bien […] ni dura tanto como una derrota. Ni siquiera cerca".

Ése fue uno de los momentos que obligaron a Andre Agassi a replantearse toda su vida. Si la victoria no era el paraíso prometido ni traía la felicidad esperada, ¿cuál era el sentido de todo esto?, ¿correr de un país a otro, de cancha en cancha, persiguiendo una pelota sin poder tomar aliento por el resto de la vida?

Ese estilo de vida me resultaba muy familiar. Vivir corriendo de una junta a otra, de un cierre a otro, sin apenas tiempo para recuperar el aliento, y mucho menos para disfrutar las pequeñas victorias. Pero eso sí, perdiendo el sueño cuando las cosas no salían bien. Saber que Andre Agassi, uno de los atletas más destacados del mundo tenía las mismas dudas que yo me ayudó a darme cuenta de que no era el único ni estaba solo en esta búsqueda de plenitud. Intuía que había algo más grande, pero aún no sabía qué.

DESCONCIERTO EXISTENCIAL

La crisis me tomó por sorpresa. Nadie me avisó que llegaría. A primera vista todo parecía estar bien. Claramente, en todos los ámbitos de mi vida había cosas que mejorar, como distanciamientos, desencuentros, algunos fracasos, pero en general todo parecía estar muy bien, incluso mejor de lo esperado. Cuando aparecieron las primeras señales las ignoré, no supe interpretarlas y continué con mi habitual ritmo frenético: volcado en el siguiente proyecto, el siguiente cliente, el siguiente cierre, en un torbellino de actividad que no me daba respiro, en una búsqueda desaforada y permanente de una idea de éxito que no tenía muy clara, en la que había invertido muchos años, y muchas noches sin sueño.

Pero algo estaba pasando. El cierre de Daimler Mercedes Benz fue un primer campanazo que hizo eco con inquietudes del pasado, permeadas de un anhelo de plenitud y trascendencia que no terminaba de satisfacer; pero no puedo señalar un día preciso, un momento exacto, sino una serie de momentos clave que me obligaron a darme cuenta de que estaba entrando en una nueva etapa.

El concepto de éxito planteado en nuestra sociedad (el ejecutivo poderoso, agresivo y millonario, el de la oficina de la esquina, del quinceavo piso y con auto de lujo) seguía vivo en mi entorno profesional y todos parecían perseguir ese modelo. Los pesos pesados de final de siglo: Iacocca, Welch, Buffet y otros, formaron la imagen del hombre visionario y arriesgado que con constancia y genio logra crear un imperio y rebosar sus bolsillos.

La explosión de la bolsa en los años ochenta no hizo sino aportar al personaje. Trajes impecables, corbatas de seda y largas horas de trabajo que eran recompensadas con victorias personales, mansiones, yates y gordas cuentas bancarias. ¿Quién podría resistirse a ese ideal? El personaje Gordon Gecko en la película *Wall Street,* de Oliver Stone, representa el estereotipo del ejecutivo moderno, del millonario imparable. Millones de personas en el mundo crecieron con esa idea de éxito. A pesar de que yo no comulgaba del todo con esa imagen, ya que me parecía frívola, distante y despiadada, sí perseguía sin darme cuenta algunos ideales en común, que me causaban atracción y repugnancia al mismo tiempo.

Al cumplir 50 años, los cuestionamientos y las dudas existenciales —que ya habían mandado señales de vida en el pasado— se hicieron cada vez más presentes. Pero ahora con un sentido de urgencia que era casi imposible ignorar. Había trabajado mucho y, también, había sido muy afortunado. La firma de abogados fundada por mi padre, y que yo dirigía, había crecido incluso más de lo previsto; los clientes multinacionales y las empresas líderes en su área se habían convertido en clientes recurrentes, y las sofisticadas operaciones en que participábamos aportaban a nuestro equipo una visión y experiencia de altísimo nivel. Disfrutaba mucho mi trabajo (eso no ha cambiado), y el posicionamiento de la firma a nivel internacional había superado todas las expectativas. Estaba viviendo el sueño.

Y, sin embargo, el 31 de diciembre de 2014, absorto en un increíble atardecer en una playa de Punta Mita —en el Pacífico mexicano—, en medio del balance personal de fin de año en el que habitualmente reflexiono sobre lo bueno y lo malo del año que termina, me asaltó de pronto la incómoda pregunta que, por breve, no deja de ser profunda: "¿Soy feliz?".

Traté de ignorarla primero y de convencerme después de que era una tontería. "¡Por supuesto que eres feliz, Hugo! Sólo abre los ojos y ve lo afortunado que eres".

¿Cómo no iba a ser feliz, si había luchado tanto para lograr mis anhelos; si tenía una gran esposa, un hijo de quien no podría sentirme más orgulloso, una familia envidiable, salud física y emocional, una buena relación con Dios, muchos y grandes amigos, extraordinarios colegas, un negocio fuerte y una cartera de clientes triple A?

Y, sin embargo, sentía que algo faltaba. Según los parámetros que conocía, debería sentirme en la cima del mundo, feliz y absolutamente pleno. Pero no. Faltaba algo.

Algo, algo... Pero ¿qué?

Esa idea, que empezó como una piedrita en el zapato y detonó tras el cierre en Polanco, tomó forma y consistencia hasta convertirse en una obsesión.

Pensar que podía faltar algo me parecía aberrante, como si mi avaricia no tuviera límites. Traté de conformarme con lo que tenía; de decirme, de gritarme: ¡Tienes todo lo que soñaste! ¿Qué te falta? ¡Sé feliz!

Pero entonces me sentía, a la vez, incompleto, hipócrita y malagradecido. La verdad era que no me veía pleno y, aunque era muy feliz, percibía con claridad ese hueco en mi corazón, y no sabía a qué se debía.

¿Salud? ¿Dinero? Gracias a Dios, no era el caso. ¿Amor, familia? Tampoco me lo parecía. ¿Mi relación con Dios, quizá? No lo creí en ese momento —pensaba que era lo suficientemente cercana—. ¿Satisfacciones profesionales? Sin duda, tampoco eso. ¿Amigos? En verdad tenía grandes amigos. ¿Qué más podía pedir?

Si bien era cierto que la vida me había dado ya algunos golpes fuertes y bajos como a todos, y que tenía varias pérdidas dolorosas y duelos en mi historia personal, pedir más me parecía ridículo, casi ofensivo, como una insolencia ante Dios, que tanto me había dado. Pero lo sentía en los huesos: algo faltaba.

Andre Agassi, tras su victoria en Wimbledon, tuvo que buscar sentido en otra cosa que no fueran sus victorias deportivas. Este despertar lo llevó a transformar su vida, volver a enamorarse de su carrera, encontrar el amor y entregarse a los demás. El mundo es mucho más grande que una copa de tenis, e inmensamente más amplio que la firma de una fusión.

Descubrirlo, entenderlo y enfrentarlo me empujó hacia una intensa, desconcertante y riquísima crisis que, sin duda, me ha marcado de por vida.

Ese proceso —que lleva ya más de dos años— ha implicado una introspección a fondo, que me ha llevado a enfrentar algunas preguntas que duelen, que siempre creí tener muy claras, y cuyas respuestas han sido más difíciles y dolorosas de lo que pensé.

Tampoco han faltado la confusión y la incomprensión en esta transición. ¿Cómo explicar a los demás lo que me pasaba, si ni yo mismo lo entendía? Lo comenté con algunos familiares y amigos y me di cuenta de que no tenían idea de lo que hablaba, a pesar de que muchos de ellos estaban en ese mismo trance. Sin darse cuenta, vivían sacándole la vuelta por no saber cómo enfrentarlo.

En esos momentos me sentía abrumado, invadido por un desconcierto existencial en el que la lógica y la razón —a las que tantas veces había recurrido— no parecían tener la respuesta para estas raras inquietudes.

Por más que procuraba ignorar esa sensación de confusión y dudas, me daba cuenta de que mi habitual sentido lógico y mi raciocinio —gracias a los cuales muchas veces había logrado encontrar soluciones a problemas complejos— no conseguían discernir la magnitud ni la naturaleza de lo que me ocurría.

Miguel Ángel García Martí describe este sentimiento, mi desconcierto existencial, con gran maestría en su libro *La alegría interior*:

> La evidencia de lo cotidiano es cuestionada, y emerge entonces el deseo de nuevos indicadores capaces de dar sentido a la propia vida. En tales circunstancias se habla de crisis, aunque se ha abusado tanto de este término que ha perdido su significación originaria. Por eso tal vez la palabra *desconcierto* nos evoque una situación más exacta del estado de ánimo de quien busca otras respuestas, distintas hasta las ahora aceptadas, porque ya han perdido su valor como soluciones satisfactorias.

¡Qué maravilla de definición para lo que me pasaba! Justo así me sentía. No esperaba encontrar una descripción tan clara y concreta como ésa, aun para explicármelo a mí mismo. Y qué fácil se escucha ese concepto cuando lo describe alguien con el conocimiento del alma humana y la habilidad de pluma de García Martí. Son este tipo de aportaciones las que me han hecho tenerlo como uno de mis autores favoritos.

Habiendo vivido intensamente esta crisis, cada paso difícil ha sido recompensado con creces, con nuevos descubrimientos y una renovada capacidad de asombro y agradecimiento que hace años había perdido.

Mis primeras reflexiones me llevaron a cuestionarme cómo habían pasado los años y lo que había hecho con tantos regalos que la vida me había dado. "¿Y si muero ahora? —pensaba—.

¿Habrá valido la pena vivir? ¿Habré dado todos los frutos que de mí se esperaban? ¿Habré cumplido mi misión? ¿Tengo claro, siquiera, cuál es mi misión? ¿Para qué estoy aquí?".

"No hay trucos —me dije—. Se cosecha lo que se siembra. ¿Qué es lo que he sembrado hasta hoy, que la cosecha no me satisface plenamente?".

Lo sabemos de sobra: todos envejecemos y todos morimos.

La mera noción de lo efímero de la vida tiene sus pros y sus contras. Por una parte, si constantemente estuviéramos pensando en nuestra muerte, podríamos perder el empuje tan necesario en la juventud. Cuando somos jóvenes, cuando empezamos a escalar la montaña de la vida, tenemos que pensar que la montaña es inmensa, que nunca se acaba. Nos sentimos invencibles y eternos, lo que nos permite aspirar a cosas grandes y lejanas, a entregarnos sin reserva a una empresa, un sueño o una misión.

Nos sentimos inmortales; ése es el magnífico poder de la inexperiencia. Si al iniciar la lucha supiéramos todo lo que implicará en el futuro: las caídas, los errores, los golpes…, todo para al final envejecer y morir, ¿seríamos capaces de iniciarla?

ANHELO DE JUVENTUD

La experiencia trae consigo nuevas habilidades, relaciones y crecimiento, pero también nos hace más escépticos y nos hace perder el empuje irracional, el optimismo inquebrantable y la flexibilidad cuasi mágica del espíritu juvenil. Nos hacemos, en cambio, más recelosos, ariscos, desconfiados, pesimistas y complicados.

Crecemos y envejecemos, pero no nos damos cuenta. O tratamos de no hacerlo, porque nuestra cultura asocia la vejez con la decadencia. Eso no suena atractivo en absoluto.

Es sencillo ignorar este proceso mientras nuestro espejo lo permite, mientras aún somos jóvenes, cuando estamos llenos de energía, de sueños, de metas, y, sobre todo, muy ocupados sacando adelante la empresa, haciendo un patrimonio, atendiendo a la familia y comprando cosas que nos parecen esenciales para nuestra felicidad.

Por eso no es raro que la gente se aferre a la juventud, y muchas personas están dispuestas a hacer lo que sea con tal de mantenerla. La Sociedad Internacional de Cirugía Plástica Estética estima que el negocio de la cirugía estética representa un flujo anual de 150 mil millones de dólares anuales, con una tendencia en aumento. Hoy, cada día más hombres optan por la cirugía que les permita seguir pareciendo jóvenes.

Tan sólo en Estados Unidos, la industria de la belleza —cremas y otros aditamentos— es una economía de 200 mil millones de dólares anuales. A eso hay que sumar la nueva cultura del *fitness* y otros negocios que viven de prometer lo imposible: la juventud permanente.

En noviembre de 2016, Carolina Herrera —legendario icono de la moda— fue entrevistada por el diario *El País* para la presentación de un libro que recoge sus 35 años de trayectoria. Sus respuestas fueron breves y directas. Ante la pregunta de si estaba a favor de la cirugía estética, contestó que sí, siempre que uno no se convierta en alguien que no es. Sus palabras retumbaron por todos los medios: "No hay nada que envejezca más […] que vestirse de joven".

No queremos dejar al cuerpo envejecer con dignidad. No queremos envejecer en absoluto porque ¿quién tiene tiempo para eso? Vivimos inmersos en la acción permanente —en el activismo—, sin apenas disfrutar nuestros logros, y lanzándonos continuamente al siguiente proyecto, al siguiente reto. Sin pausa, sin sosiego, ebrios de hacer y tener. Volcados hacia el futuro e ignorando la valía de vivir en el presente.

Sin embargo, la huella de los años va dejando, en nuestro cuerpo primero y después en nuestra mente, señales de que ya no somos los jóvenes que fuimos. Pero nos sentimos —nos sabemos— aún vigentes, activos y con mucho por hacer.

Hay quienes se aferran a esta juventud perdida y se convierten en caricaturas de sí mismos. En México se les conoce como "chavorrucos" o se dice que están en "la crisis de los 40". Éstos son los ejecutivos canosos y regordetes que compran autos deportivos, se dejan crecer el pelo, usan ropa ajustada, vuelven a los antros y cambian de pareja con el afán de autoafirmarse como los jóvenes que ya no son. También hay señoras de 50 que se visten como muchachas de 20 o buscan rejuvenecerse en compañía de adolescentes, buscando en ello la plenitud que aún no logran.

Me parece que la crisis de los 40 es más superficial que la de la mitad de la vida, que es más profunda y tiene un calado distinto; no se limita a la nostalgia de la juventud, sino que va mucho más allá.

Todos conocemos personas que al transitar por los 40 parecen desubicadas, adolescentes tardíos que se niegan a envejecer aunque el precio pueda ser el ridículo. Sin duda, querer mantener un buen físico y un cuerpo sano no tiene nada de malo, al contrario; el error es llevarlo al extremo, retar a la naturaleza y perder en el intento.

Tal vez una expectativa más razonable, en lugar de pretender tener un cuerpo de 20 a los 50, sea mantenerse "en el top 10" de los compañeros de la prepa. ¡Así al menos estaremos compitiendo con los de nuestra liga!

Interpreto la crisis de los 40 como una añoranza de la juventud que se enfrenta mirando hacia atrás, hacia el pasado. En cambio, la de la mitad de la vida nos encuentra mirando hacia adelante, nos enfrenta con el futuro. Nos pone cara a cara con lo que nos falta por hacer.

En medio de estas reflexiones empezaba a identificar la idea de que si bien es cierto —y evidente— que el paso de los años deja una huella indeleble en nuestro cuerpo, también sabía —sentía— que mi propio intelecto, mi espíritu, eran ahora más ricos, más interesantes y habitables que cuando era joven.

¿Por qué habremos de definir nuestra existencia —o, más aún, nuestra relevancia— tan sólo por nuestra edad o por nuestro estado físico?

La razón nos dice: "Todos envejecemos y todos morimos". Eso ya lo sabemos, aunque vivamos ignorándolo. Pero el alma se resiste a la decadencia. Y esa resistencia —la crisis— es también inescapable, pero sobre todo, es necesaria para pasar al siguiente nivel. Como si se tratara de un juego de Mario Bros. No podemos evadirla, aunque aprendamos a ignorarla.

Sabía que me encontraba en una encrucijada; podía seguir como hasta entonces o atreverme a enfrentar lo que percibía como una nueva forma de estar en el mundo. Estaba inmerso hasta el cuello en la crisis de la mitad de la vida.

Sentía que elegir cómo enfrentarla podía ser el inicio de un nuevo viaje, uno mejor y más grande. Uno más pleno y trascendente.

Por fin me dije lo que me costaba tanto decir: "No tengas miedo; bienvenido a la crisis de la mitad de tu vida".

1. El miedo a envejecer

En *El retrato de Dorian Grey,* Oscar Wilde creó un aparato te-
rrorífico: un retrato encantado que provee de eterna juventud a
su dueño. Mientras Dorian disfruta de las mieles y los placeres
de la inmortalidad a la que tantos aspiran, su retrato escondido
acusa las arrugas y llagas de su cuerpo y alma. Aunque el per-
petuo joven tiene todo lo que puede poseerse, eventualmente
su corazón se agota, su alma envejece y sus deseos se marchitan.
Teniendo todo, no tiene nada. Su don de eterna juventud se
convierte en su maldición.

Lo único que no puede hacer el protagonista es, precisamente, mirar su propio retrato. Lo corroe el pavor de verse a
sí mismo a los ojos, de enfrentarse a su vejez. Se descubre a sí
mismo agotado, muerto por dentro, como muchos ejecutivos y
empresarios, madres y padres de familia que se sienten exhaus-
tos y que no pueden ya dar más de sí —lo que los norteameri-
canos llaman *burnout*—, consumidos por el ritmo frenético en
el que viven. Para Dorian Grey y para el hombre moderno, la
promesa de juventud perpetua acaba siendo su propia condena.

El terror a envejecer no es una novedad, sino un drama
universal a lo largo de la historia. ¿Pero de verdad quisiéramos
permanecer siempre jóvenes? ¿Ser inmunes al paso del tiempo?
¿Seguir aquí dentro de 100 años y ver envejecer y morir a todos
los nuestros? Me parece que ésa sería la peor de las condenas.

"Lo nuestro es pasar", dice Serrat entre notas, lo mismo que Escobar: "Soy vecino de este mundo por un rato…". De ahí la importancia de abordar sabiamente y a tiempo la crisis, esta transición entre el primer y el segundo tiempo de la vida, que puede llevarnos a trascender el éxito y aspirar a la plenitud, así como a cuestionarnos seriamente las cosas que sabemos son verdaderamente importantes, pero que ingenuamente pensamos que siempre habrá tiempo o condiciones para atenderlas "después". Y ese después nunca llega, porque vivimos posponiendo la entrada a nuestra crisis.

Aunque el miedo a envejecer no es nuevo, sí lo es la definición de la vejez. Hace más de dos mil años, en Grecia, el consejo de ancianos estaba conformado por hombres mayores de 25. Alejandro Magno había conquistado el mundo a los 30. ¡La expectativa de vida promedio durante los imperios griego y romano era tan solo de 28 años!

En la América precolombina la esperanza de vida era de 25, y en la Europa de la Edad Media la esperanza promedio aumentó a 30 años.

Esto no significa que no existieran personas mayores. Se sabe de muchas personas en la Antigüedad que alcanzaron edades de 60, 80 o hasta 100 años. Pero el altísimo índice de mortandad infantil, las epidemias, la falta de tecnología médica y las guerras hacían estadísticamente muy difícil que un hombre o mujer alcanzaran sus años dorados.

Hacia el siglo XV —el Renacimiento—, la ciencia urbanística y médica permitió elevar la esperanza de vida a los 40 años, y al principio del siglo XX la expectativa promedio era de 55. Hace tan sólo 100 años un hombre de 50 podía considerarse muy afortunado de estar vivo. ¿Cuántos de nosotros ya no estaríamos aquí si hubiéramos nacido en otra época?

Los conocimientos de medicina e higiene, la generalización de la sanidad urbana en casi todo el mundo, los impresionantes avances en cuidados pre y posnatales, y los largos periodos de paz en los países desarrollados han empujado la expectativa de vida mundial a un promedio de 75 años, lo que significa que muchos millones de personas superan esa edad con relativa facilidad.

El concepto de la crisis de la mitad de la vida (a la que indistintamente me referiré como la crisis del medio tiempo) es novedoso porque estamos entre las primeras generaciones en enfrentarnos a esos 20 o 30 años extendidos de vida útil, en condiciones que todavía nos permiten hacer muchas cosas.

Si a mediados del siglo XX se hablaba —con razón— de la "crisis de los 40", ese número se ha de revisitar en nuestros tiempos, ya que en muchos sentidos hoy los 50 son los nuevos 40, mientras que los 40 son los nuevos 30 y así sucesivamente. Tan es así que hoy a los 50, si se tiene salud, se pueden hacer casi todas las cosas que se hacían a los 30. De hecho, muchos triatletas, *ironmen* o maratonistas de alto rendimiento rondan los 40 años.

Aún más: durante el siglo pasado era común que las personas se casaran jóvenes, y que a los 30 sus matrimonios estuvieran plenamente establecidos. Hoy en día los *millennials* estiran sus años de estudio y soltería lo más posible. Quizá porque ven la muerte lejos, quizá por miedo al compromiso, la edad promedio para casarse —que en los hombres era de 22 a principios del siglo pasado— se ha elevado a 29.

Así pues, aunque el hombre siempre ha temido a la vejez (en el folclor mundial abundan cuentos y leyendas sobre fuentes de la eterna juventud), la forma como la sociedad actual aborda el tema es distinta. Hoy se hacen esfuerzos sobrehumanos por mantenernos jóvenes y vigentes en una sociedad que sobrevalora la juventud y menosprecia la vejez. Los viejos ya no son fuente de sabiduría, sino productos desechables que estorban porque ya no producen ni aportan a la economía, y tampoco tienen los cuerpos esbeltos o el vigor de antaño: ésos son los estándares con los que se juzga la valía de las personas hoy en día. Es triste y contradictorio que la misma sociedad que ha logrado tantos avances para extender los años y la calidad de la vida humana, se empeñe en relegar a los mayores al olvido o a la muerte por eutanasia.

Cuando se establecieron los primeros programas de pensiones en Europa y Norteamérica tras la Segunda Guerra Mundial, en algunos países se acordó una edad de retiro de 55 años, y de 60 en la mayoría. Es decir, se consideraba que a los 60 el trabajador ya era "mayor" para trabajar y, por tanto, se le otorgaba una pensión con el fin de que pudiera descansar y disfrutar de sus "últimos años". En ese entonces, con una expectativa promedio de 65, estos "últimos años" eran pocos.

Con el dramático aumento de la expectativa de vida en las últimas décadas y con la inmensa cantidad de personas que en los países industrializados alcanzan fácilmente 80 o 90 años, resulta que la etapa posterior al retiro llega en muchos casos a 20 o 30 años: casi la tercera parte del total de la vida.

¿Cuántas personas conoces hoy de 70 u 80 años que están plenamente activas, vigentes y desempeñando aún papeles de gran responsabilidad y trascendencia?

Más allá del problema económico que esto implica para el sistema internacional de pensiones (que en algunos países está presionando para elevar la edad de retiro a 67 o 68), también representa un problema más profundo: el humano.

¿Qué vamos a hacer con esos años al pasar los 50? ¿Jugar golf, viajar, descansar, ver televisión? Ninguna de esas actividades es mala en sí misma, pero ése es justamente el punto. ¿Qué no podremos aspirar a vivir con mayor plenitud? ¿Es que no damos para más?

El sistema estandariza y exige a todos por igual. La imagen del éxito planteada por la cultura moderna exige a hombres y mujeres trabajar para alcanzar la riqueza, y la estructura los obliga, en muchos casos, a hacerlo hasta bien entrados en su sexta década. Para la sociedad en que vivimos, el retiro parece ser el objetivo final: poder jubilarse con suficiente dinero para poder vivir con comodidad lo que queda de vida.

El medio tiempo es una estación antes del retiro. Mucho antes, diría yo. De hecho, nada tiene que ver con el retiro. Se trata de una redefinición de tu persona y tus prioridades, de recuperar la pasión por la vida y entregarte a ella durante los 20 o 30 años de vida útil y activa a la que puedes aspirar.

La crisis de la mitad de la vida llega siempre para todos —por más que aprendamos a ignorarla— cuando, en medio de esa carrera vertiginosa tras el éxito, nos vamos dando cuenta de que lo que hemos hecho —la posición, la comodidad, la estabilidad o el reconocimiento— no alcanza para llenar el hueco que aún sigue vacío en nuestro corazón.

La crisis del medio tiempo se trata precisamente de eso: de enfrentarte a ti mismo y plantearte cuestiones de fondo, de reflexionar si vale la pena seguir viviendo al ritmo frenético del primer tiempo y seguir persiguiendo afanosamente el éxito económico o profesional del que pretendemos que nos aporte la cuota de plenitud y felicidad a la que legítimamente aspiramos. "Cuando cierre esa venta, cuando gane esa licitación, cuando tenga a mis hijos, cuando compre la casa grande… por fin seré feliz", nos decimos.

Poco a poco nos vamos dando cuenta de que la felicidad no llega por ahí, y nuestro espíritu intuye que estamos persiguiendo un espejismo, pero a falta de otra opción, continuamos así hasta el final. Tantas personas viven esa etapa como fantasmas, deprimidas y aburridas en su trabajo de siempre, sólo esperando el día en que por fin puedan jubilarse. Porque es lo que sabemos hacer, es lo que nos han enseñado; la sociedad no conoce otro modelo de vida. Al final llega la jubilación y, sencillamente, no sabemos qué hacer con nosotros mismos.

Las escuelas y las universidades fueron diseñadas con el fin de prepararnos —unas mejor que otras— para la primera parte de la vida: para ser productivos, ganar dinero y administrarlo

bien; para hacer y tener. El sistema educativo provee de empleados calificados a la industria y garantiza cierto nivel técnico en
matemáticas, idiomas, administración o ingeniería; pero nada
nos dice de la segunda parte de la vida. Para vivir el segundo
tiempo, todos resultamos analfabetos. ¡Nos enseñaron a producir, pero no a vivir!

La crisis de la mitad de la vida no se estudia en el aula ni se
explica en la maestría —ni tampoco se explica o entiende tan
fácilmente—. Nos toma desprevenidos cuando menos lo espe-
ramos y casi nunca estamos preparados para afrontarla.

Como todas las crisis, la de la mitad de la vida también es un
reto —un reto apasionante—. De ahí la importancia de reco-
nocerla, identificarla y enfrentarla adecuadamente. En japonés,
la palabra *crisis* se escribe con dos símbolos: el primero significa
"peligro" y el segundo "oportunidad".

Reconocer que la crisis ha llegado o llegará, aceptarla y
enfrentarla puede abrir la puerta para que nuestra vida tome
un giro distinto y dé rumbo a nuestros mejores años, en
donde dejemos de perseguir el éxito —como hasta ahora lo
conocemos— y decidamos, por fin, buscar la plenitud y la
trascendencia.

LOS SÍNTOMAS DE LA CRISIS

Aprender a vernos como somos y a detectar la crisis a tiempo
nos permitirá retomar las riendas de nuestra vida, fijarnos metas
y retos acordes con nuestras circunstancias y talentos, los cuales,
según su nobleza y profundidad, serán capaces de abrirnos ho-
rizontes hasta ahora desconocidos.

Los síntomas externos de la crisis pueden ser más o menos
evidentes, detectables en distintos grados, y más o menos graves
en distintas personas, pero hay que mantener los ojos abiertos
para descubrirlos. Para esa tarea, como dice el principito de

Saint-Exupéry, los ojos son ciegos; hay que buscar con el corazón. Es el alma la que primero advierte esta confusión.

A la crisis del medio tiempo se entra por la puerta del desconcierto, de la confusión, de la decepción, cuando caemos en la cuenta de que lo poco o mucho que hemos logrado no nos ha aportado la cuota de felicidad que esperábamos. Los años nos hacen caer en cuenta de esto: el surreal día en que nos miramos al espejo y nos preguntamos "¡¿quién diablos es ese viejo que se puso mi corbata?!". De repente, sin que nos demos cuenta, nos han caído los años encima. Quizá nos miramos con detenimiento para percatarnos de que las canas han hecho revolución y que han aparecido arrugas, bolsas, patas de gallo, manchas y llantas. Metemos la panza, levantamos las cejas, decidimos duplicar el ejercicio y retomar la dieta, pero es inescapable: no somos los jóvenes de antes.

Una inyección de miedo y un sentido de urgencia se apoderan de nosotros. La mitad de la vida se nos ha ido y ¡nos falta tanto por hacer y por lograr! El súbito encuentro con la crisis a mitad del viaje puede empujar a una persona a la desesperación: cuando ve que la vida se le va y no ha logrado lo que se había propuesto, sabe que no ha logrado la felicidad que esperaba.

Dependiendo de la personalidad y las prioridades del individuo que la enfrenta, ante esta crisis se puede reaccionar de distintas formas.

Hay personas que, ante la inquietud de la juventud perdida, tratan de aferrarse a ella y mantenerse vigentes a cualquier costo: elevan sus horas de trabajo, se lanzan por más retos descontrolados, se avientan en paracaídas o bungee no porque lo disfruten, sino porque los hace sentirse adolescentes otra vez y pretenden así seguirse engañando, evadiendo su realidad por el puro miedo a enfrentarla. Quizá cambien de auto —si es rojo y convertible, mejor—, de peinado, de ropa o, en casos más graves, de mujer, buscando reafirmarse como los jóvenes que ya no son. Se sienten amenazados por profesionistas más jóvenes y retoman el lenguaje de su juventud. Quieren mantenerse *in* y regresan a los bares o los antros buscando emoción. Identifican el pasado como la mejor época de su vida y se lanzan a su reconquista, casi siempre con terribles resultados.

Otros deciden echarse a la hamaca. Para ellos, la mejor época de su vida es la que vendrá cuando se retiren y tengan, por fin, la libertad que anhelan. Consideran —aunque sea inconscientemente— que ya no les falta tanto para la jubilación y que, si aguantan otros diez años en el trabajo, todo habrá valido la pena. Abandonan la ilusión, la emoción y el reto en la búsqueda de la seguridad en el futuro. Se ponen en *stand by* y quedan, por así decirlo, nadando de muertito.

Los primeros viven en el pasado; los segundos, en el futuro. Ninguno vive en la realidad. Ambos pierden la enorme oportunidad de instalarse en el presente, con toda la intensidad apasionante que ofrece el único tiempo en que podemos ser felices, el único tiempo que nos pertenece.

En su libro *Cartas del diablo a su sobrino,* C. S. Lewis, el afamado profesor de Oxford, pone en labios de Escrutopo, un demonio experimentado, la recomendación a su sobrino Orugario sobre esta cuestión, con el fin de lograr la condenación de sus "pacientes":

> Nuestra tarea consiste en alejarles de lo eterno y del presente. Con esto en mente, a veces tentamos a un humano (pongamos una viuda o un erudito) a vivir en el pasado. Pero esto tiene un valor limitado, porque tienen algunos conocimientos reales sobre el pasado, y porque el pasado tiene una naturaleza determinada, y, en eso, se parece a la eternidad. Es mucho mejor hacerles vivir en el futuro. La necesidad biológica hace que todas sus pasiones apunten ya en esa dirección, así que pensar en el futuro enciende la esperanza y el temor. Además, les es desconocido, de forma que al hacerles pensar en el futuro les hacemos pensar en cosas irreales. En una palabra, el futuro es, de todas las cosas, la menos parecida a la eternidad.

Es la parte más completamente temporal del tiempo, porque el pasado está petrificado y ya no fluye, y el presente está totalmente iluminado por los rayos eternos. De ahí que casi todos los vicios tengan sus raíces en el futuro. La gratitud mira al pasado y el amor al presente; el miedo, la avaricia, la lujuria y la ambición miran hacia delante […] Desde luego, el Enemigo [así se refiere el demonio a Dios] quiere que los hombres piensen también en el futuro: pero sólo en la medida en que sea necesario para planear ahora los actos de justicia o caridad que serán probablemente su deber mañana.

Uno de los principales problemas que enfrentamos los seres humanos es la tentación de vivir en el pasado, que es historia, o en el futuro, incierto por naturaleza. Olvidamos posicionarnos en el único tiempo del que somos dueños, el único momento en que podemos ejercer nuestra libertad, actuar, pensar y decidir: el presente.

¿Cuántos de nosotros vivimos volcados planeando el futuro, pensando ilusoriamente que somos capaces de controlarlo todo, de diseñar el porvenir conforme a nuestros planes y proyectos, trabajando siempre en el siguiente proyecto, el siguiente satisfactor, la siguiente diversión?

Me parece un gran acierto que Luc Ferry, en su libro *7 façons d'être heureux* (o *Siete formas de ser feliz*) diga que "parecemos niños que, apenas compran un juguete, lo poseen y lo disfrutan un instante, y de inmediato lo lanzan lejos para tomar un siguiente juguete, y luego así un tercero o un cuarto […] somos como don juanes que pasamos de mujer en mujer, así como el drogadicto de dosis en dosis". Ese circuito que va del placer efímero —que dura lo que la novedad del juguete nuevo— a la decepción por su poca duración y al afán de tener otro juguete no nos permite instalarnos en la vida con la serenidad que requiere el presente para poseerlo en toda su magnitud.

Y aquí, parafraseando a Lucrecio, "sin habitar el presente, ponderarlo, elongarlo y entenderlo como el único tiempo en el que de verdad podemos ser y hacer, no podremos acceder a la sabiduría que nos permita tener la serenidad necesaria para vencer las dos grandes tentaciones del hombre: el pasado y el futuro".

Tanto Ferry como Lucrecio explican con maestría la importancia de aprender a conjugar la vida en términos del aquí y el ahora, el famoso *hic et nunc* que tantas veces hemos escuchado, y que es la única receta que nos permite tratar de llenar la vasija de plenitud que exige nuestro corazón.

En su libro, Luc Ferry también habla de Kierkegaard, quien nos dice que habrá que dejar a los niños, a los don juanes y a los drogadictos abandonados a su triste destino de intentar llenar sus ansias de plenitud con placeres efímeros y pasajeros, y que mientras no seamos capaces de acceder a otros estadios, a otros escenarios de mayor profundidad humana, como la ética —que para el filósofo danés tenía el "mérito de intentar pacificar la vida de los hombres"—, o el estadio espiritual y religioso —"que es lo único que verdaderamente le da al hombre las herramientas para definir la significación última de la existencia humana"—, no podremos acceder a la plenitud y la felicidad a que aspiramos.

Concluye Kierkegaard su magnífica intervención refiriendo cómo para que Don Juan encuentre lo que busca debe "pasar a otras formas de amar, que le permitan inscribirse en la dimensión de la eternidad, si es que quiere de verdad ser feliz".

Así como los niños van de juguete en juguete y el drogadicto de dosis en dosis, nosotros vamos de proyecto en proyecto, de compra en compra, sólo para sufrir una pequeña decepción cada vez y seguir volcados en el siguiente proyecto, esperando que ése sí sea capaz de aportarnos la cuota de plenitud deseada.

También vivimos con la infantil ilusión de que podemos controlarlo todo, lo cual nos coloca de inmediato fuera de la realidad. Con frecuencia nos desilusionamos al descubrir que no somos capaces de tener todo bajo control, lo que nos genera gran tensión. Las personalidades maduras consideran las contrariedades, los imprevistos y los reveses como parte de la vida, y en lugar de lamentarse por ellos procuran adaptarse cuanto antes a la nueva realidad.

Por ser un ingrediente indispensable para sortear con éxito esta crisis, me parece importante tener claro en qué consiste la madurez y conocer los rasgos generales de una personalidad madura.

La palabra *madurez* hace referencia a la plenitud del ser. Suelen distinguirse tres campos fundamentales en ella:

- El intelectual, que se manifiesta en un adecuado conocimiento de sí mismo, en tener metas claras en la vida, en una certidumbre ética y moral, así como en la capacidad de reflexión y análisis.
- El emotivo, que es el que manifiestan las personas que reaccionan proporcionalmente a los sucesos de la vida, y que reflejan capacidad de control de sí mismas. Son individuos que saben amar y denotan seguridad en sus decisiones. Andan por la vida con alegría y buen humor.
- El social, que se demuestra en la capacidad de afecto y comprensión hacia los demás, así como en el respeto a los derechos ajenos. A estos individuos se les facilitan la colaboración y la interacción con quienes los rodean.

No estaría de más hacer un autoanálisis de nuestra personalidad para saber si seremos capaces de enfrentar esta crisis con la madurez que se requiere.

La otra opción

Pero hay una tercera opción, y es la que propongo en este libro: consiste en, precisamente, hacer una pausa para diseñar tu segundo tiempo, a tu ritmo, a tu modo y con el enfoque que sólo tú serás capaz de darle. Este intermedio te permitirá bajar el ritmo para explorar en el fondo de tu corazón. Te llevará a confrontarte contigo mismo y a cuestionarte si estás contento con el hombre o la mujer en que te has convertido, qué tan cerca estás de tu centro y quién eres realmente. También te permitirá desintoxicarte, pedir perdón, reflexionar y reconectarte con lo verdaderamente importante. Esto es algo necesario pero imposible de lograr con el ritmo frenético al que vives, en el que estás consagrado a hacer y tener.

Este medio tiempo servirá para reconectar con tu verdadero yo, para recordar qué te gusta, para qué eres bueno. En otras palabras, para redescubrir tus talentos y tus pasiones, y con ellos diseñar tu misión, detrás de la cual se esconden la plenitud y la felicidad que tanto anhelas.

¿No te has preguntado alguna vez "si hubiera sabido lo que ahora sé en mi juventud, hubiera hecho esto o aquello de forma diferente"?, o "si pudiera regresar el tiempo, ¿quizá dedicaría más tiempo a esto, o buscaría este sueño, o haría las cosas de otra forma"? Bueno, pues ahora tienes experiencia, pero probablemente no tengas el tiempo. Por eso te propongo hacer esta pausa para rediseñar tu vida. Si bien no puedes viajar al pasado, sí puedes reimaginar la vida para tu futuro. Éste puede ser tu momento ideal. Sólo tú lo sabes. No lo dejes pasar.

En 1938, en Portland, Oregón, nació Phil Knight —Buck, para los amigos—, un joven tímido que era parte del equipo de atletismo de su escuela. Aunque era un buen corredor, no tenía el nivel para competir de forma profesional. Durante un viaje de descubrimiento que lo llevó a recorrer medio mundo y a escalar el monte Fuji, conoció una fábrica de zapatos deportivos en Japón: Tiger.

Tratando de encontrar un punto en que su pasión por correr y la necesidad de ganar dinero se juntaran, creó su propio negocio para distribuir zapatos Tiger en Estados Unidos. Los primeros años fueron agotadores y llenos de retos, siempre viviendo en la cuerda floja, debatiéndose entre el punto de equilibrio y las deudas, y procurando no desatender demasiado su vida personal: su familia y sus dos hijos también debían salir adelante.

No hubo un día de descanso durante décadas. La compañía siguió prosperando y expandiéndose. En tantos momentos, en palabras de Buck, parecía que crecer era la única forma de sobrevivir. Reducir la velocidad no era opción; mucho menos detenerse para tomar un respiro.

Con el tiempo la compañía de Buck, que por años vivió al borde de la quiebra, se convirtió en Nike, la empresa de equipamiento deportivo más grande del mundo; la marca más famosa y reconocida por los grandes atletas y por el público en general. En la cumbre de su crecimiento, Buck dirigía una compañía de miles de millones de dólares (su fortuna personal se calcula en nueve mil millones) y era considerado uno de los empresarios más importantes del planeta.

Sin embargo, hacia finales de su quinta década de vida, Buck tuvo la valentía de detenerse en el medio tiempo. En el fondo de su corazón se sentía aún como el tímido joven de Oregón, enamorado de su esposa —con quien se casó antes de fundar Nike, y con quien había logrado mantenerse unido a lo largo de altas y bajas—. Tuvo que admitir que la empresa y sus obligaciones no le permitían dedicarse a las cosas que más le gustaban: correr, ir al cine con su esposa, dedicarle tiempo a sus hijos...

Tras salir de una función de cine donde proyectaban la película *The Bucket List (Antes de partir),* Buck se planteó algunas nuevas inquietudes. Vale decir que la cinta trata sobre dos hombres mayores, enfermos terminales (interpretados por Jack Nicholson y Morgan Freeman) que deciden hacer, antes de morir, todas las locuras con las que siempre soñaron.

Buck abandonó la sala preocupado. ¿Cuáles eran las cosas que aún le quedaban por hacer? Conocía el éxito más allá de sus sueños; había viajado por el mundo, conocía a todas las estrellas, se codeaba con el *jet set* y había mantenido su matrimonio a pesar de todas las adversidades —uno de los logros que lo hacían sentir más orgulloso—. Sin embargo, sentía que algo faltaba. ¿No había nada más con que volver a ilusionarse?

A la postre, Buck Knight renunció a la dirección de la empresa que había fundado —por fin, algo de tiempo y descanso— para enfocarse en las partes de sí mismo que consideraba su núcleo: su familia y correr. Para él, en sus circunstancias, ése era su medio tiempo.

También decidió que aún no estaba muerto ni jubilado ni retirado. Pero había otras montañas que escalar. Se propuso escribir un libro *(Shoe Dog)* que se convirtió en *best seller,* y dedicar su tiempo y su fortuna a causas más trascendentes, como la búsqueda de una cura para el cáncer.

Buck Knight, el amo de las carreras, la velocidad, las metas y el crecimiento, decidió hacer un alto para repensar su existencia y definir su segundo tiempo de forma que lo llevara aún más lejos, pero a su estilo, con sus reglas y con su propia idea de la trascendencia.

Seguramente Buck nunca imaginó que años después un abogado mexicano escribiría un libro y usaría su historia como ejemplo, y menos aún que ese abogado representaría a Nike en México a través de su firma, ni que sería miembro de su consejo en México.

2. El inicio de la búsqueda

Buscando respuestas

A finales de 2014 —un año por demás extraordinario—, me sentía totalmente agotado, *burned out*. Aunque en teoría me había propuesto bajar el ritmo de mi vida y dedicar más tiempo a la familia y a los demás, la realidad es que seguían pasando los años, y en lugar de reducir el ritmo en el que vivía, éste seguía creciendo, sumando más y más horas de trabajo, con viajes cada vez más frecuentes y más lejanos. La intensidad y la tensión se habían convertido en las claves en las que seguía conjugando mi vida.

Miguel Ángel García Martí es de los autores a los que siempre recurro en caso de dudas existenciales. Ha calado tan hondo en mí que ir a conocerlo a Valencia cuando cumplí 40 fue uno de mis mejores regalos. En su libro *La serenidad,* García Martí escribió unas palabras que resonaron hondo en mi alma: "No hay como tener el alma sosegada; sin embargo, no es tarea fácil, y menos aún mantenerse en ella, aun así no podemos ni debemos renunciar a conseguir lo que consideramos parte de nuestra felicidad. Parece que estamos convocados a ir detrás de objetivos inalcanzables".

¿Estaba yo convocado a ir detrás de objetivos inalcanzables? Esa reflexión me postró en un estado pesimista, abrumado y apático, cosa extraña en una personalidad habitualmente activa y extrovertida.

Ese estado de indiferencia y distancia de todo lo que me rodeaba se prolongó por algunos meses y me tenía desconcertado. Entiendo que hacia afuera no se notaba mucho (salvo en mi casa) porque seguí funcionando de manera relativamente normal; sin embargo, la realidad es que ese estado estaba minando mi interés y mi usual pasión por las cosas, rodeándome de un ambiente de apatía y hartazgo difícil de describir.

Con mi familia y amigos cercanos hablé sobre la circunstancia en que me encontraba y no parecían entenderme. La verdad es que yo mismo encontraba difícil entenderme o darme a entender. Tras un excelente año en lo profesional y familiar, mi súbito desinterés por la vida no parecía tener razón alguna.

Estaba tan confundido que decidí hablar con mi amigo el doctor Ernesto Bolio (reconocido psiquiatra), quien conocía este tipo de procesos y me explicó que él desde hacía mucho tiempo los venía estudiando. También me comentó, para mi sorpresa, que era normal pasar por esto y que muchas personas que atravesaban esta crisis salían de ella transformadas y fortalecidas. Podríamos decir: *reloaded*.

Me tranquilizó escuchar del doctor Bolio que no me estaba volviendo loco, que éste era un proceso normal y sobre todo que, según me explicó, después de conocerme por años no le sorprendía esta crisis en mí. Tampoco le extrañaba que en una personalidad como la mía este desconcierto existencial estuviera calando tan hondo.

La situación no mejoraba pero yo tenía que seguir cumpliendo con mis compromisos profesionales (que no eran pocos ni de escasa importancia). A finales de febrero y en plenas cavilaciones al respecto, asistí en Atlanta a la junta de consejo de una de las asociaciones internacionales de abogados más prestigiadas del mundo, integrada por 180 firmas en 90 países, y por más de ocho mil abogados. Allí me sentí cómodo y reconectado con la pasión que despiertan en mí las relaciones internacionales, el intercambio de ideas y conceptos con personas sofisticadas de diversas partes del mundo.

Había ya formado parte del consejo internacional en dos ocasionesy era un juego que sabía jugar, pero no fue poca mi sorpresa cuando, al terminar mis exposiciones en la reunión, como miembro del consejo de administración de la afiliación, Dennis —recién electo presidente del consejo— me invitó a ser vicepresidente, lo cual supone un gran honor y una gran responsabilidad. Sería el primer vicepresidente latinoamericano en la historia de la organización. Una nueva razón para estar agradecido.

La propuesta me tomó por sorpresa y no pude ocultar mi risa nerviosa. La vicepresidencia internacional y ser parte del comité ejecutivo son oportunidades a las que muchos abogados aspiran y por las que harían cualquier cosa.

En otras circunstancias, mi respuesta habría sido inmediata y efusiva. Sin embargo, ante el desconcierto existencial en que me encontraba, no me quedaba claro el camino a seguir, y lo único que atiné a decir fue: "Dennis, me siento honrado por la invitación y entiendo el nivel de compromiso que requiere. Déjame consultarlo con mi familia y con mis socios primero".

Me cuestionaba seriamente si quería seguir así, escalando cargos en los organismos en que me había involucrado, viajando y trabajando al ritmo que lo había venido haciendo. "¿Para qué —pensé—, si así no llegan las mariposas en el estómago que yo esperaba?".

Al parecer esa confusión se percibía también hacia fuera, porque en medio del desconcierto existencial —en el que me preguntaba si debía aceptar la vicepresidencia internacional, si rechazarla afectaría mi futuro en la organización, si impactaría negativamente en la firma, si debería reducir mi ritmo profesional—, me abordó Bill, un buen amigo abogado de Carolina del Sur, y me dijo:

—Hugo, te he visto un tanto distraído y ausente. ¿Te pasa algo?

—Me gustaría platicar contigo —le contesté.

Para mí es poco usual que cierre la jornada en el bar de un hotel, y aún más inusual que comparta situaciones personales con colegas, pero quizá estaba en la búsqueda de respuestas. Bill me escuchó todo el tiempo que necesité, siempre con una gran sonrisa. Tras casi una hora de conversación, se acercó a mí y me dijo con total confianza y naturalidad:

—Hugo, no te preocupes. Estás en la crisis de la mitad de la vida, en tu medio tiempo. Todos pasamos por eso.

—¿Qué? —le pregunté—. ¿Qué es eso de la mitad de la vida y el medio tiempo?

—Te explico —me dijo, y volteó con el barman, pidió dos bourbon en las rocas y continuó—. Ahora tú me vas a escuchar.

La conversación se fijó en mi mente, y palabras más, palabras menos decía: "Llega un momento en la vida en que lo que has hecho o logrado parece perder importancia. Es una etapa de confusión en la que percibes un hueco en tu corazón que no ha sido satisfecho a pesar de tus logros, que te hace cuestionarte si tu vida ha valido la pena, y anhelas reconectar con tu verdadero yo, con tus verdaderas pasiones. Te ves empujado a redescubrir tu misión y a redefinir tu posición en el mundo. El medio tiempo es una pausa. Una transición. Entrar en él genera el tipo de confusión y dudas que tú me planteas. Te hace cuestionarte lo que había sido tu seguridad y te saca de tu zona de confort. En pocas palabras, estás entrando en tu medio tiempo".

Yo lo escuchaba sin parpadear y sin entender a fondo lo que decía. Él continuó:

—Un viejo conocido, Bob Buford, escribió un libro titulado *Half Time. Moving from Success to Significance* [*Medio tiempo. Del éxito al significado*]; me parece que ahí encontrarás muchas de las respuestas que buscas.

Acto seguido, empino el último trago de bourbon, se dio media vuelta musitando un tenue: "Buenas noches", y se marchó.

Me dejó pasmado. Ahí estaba yo. Solo en el bar de un conocido hotel de Atlanta sin saber qué estaba pasando. Me sentí como el típico ejecutivo que en sus viajes de trabajo prefiere beber que dormir. Absorto en mi introspección, escuché un *last call!* del cantinero, algo que no recordaba haber escuchado en muchos años.

Llegué a mi habitación a enfrentar la primera de muchas noches de insomnio. Dando vueltas en la cama y en la cabeza a este confuso tema, tratando de encontrar respuestas ante un evidente desconcierto existencial.

Lógicamente, al día siguiente compré el libro de Buford y lo devoré en dos días. Describía con precisión y exactitud asombrosas, casi palabra por palabra, el proceso que estaba yo viviendo en ese momento, como si Buford hubiera puesto cámaras en mi casa o en mi oficina. Me atrapó desde sus primeras páginas. Mi primera reacción fue, una vez más, de alivio. "Por lo menos no estoy loco —pensaba—; esto es una cosa real y normal." Pude respirar con más calma, pero todavía no tenía idea de qué hacer.

Fue la primera oportunidad que tuve de escuchar hablar del concepto del medio tiempo (que es como algunos autores definen la crisis de la mitad de la vida), el cual acabaría por poner mi vida de cabeza. O, mejor dicho, volvió a ponerla de pie.

Bob Buford define el *Half Time* como la transición del éxito a la plenitud, o el paso crítico entre el primer y el segundo tiempo de la vida.

El mensaje más valioso que me envió el libro fue éste: no puedo ni debo seguir posponiendo la toma de conciencia sobre mi propia vida. Es urgente que haga una pausa, retome el control de mis decisiones y diseñe mi segundo tiempo: cómo quiero vivir los años activos que me quedan, considerando por supuesto que aún disfruto mucho mi trabajo y me apasiona. Pero este concepto me impulsaba a ir más allá de lo profesional.

Debo admitir que el impacto de cumplir 50 años me ha cimbrado y predispuesto de manera muy importante para finalmente llevar a cabo los cambios que me he propuesto desde hace años. Me ha empujado a implementar de una vez por todas muchas de las iniciativas que he venido vislumbrando desde que cumplí los 40.

Al releer mis propósitos de Año Nuevo de los últimos 10 años, con la perspectiva y distancia que el tiempo otorga, me sorprende gratamente darme cuenta de que las inquietudes y objetivos que entonces planteaba eran prácticamente los mismos que hoy, y me preocupa ver que llevo 10 años y mis propósitos de cambio de enfoque y de ritmo de vida no han pasado de buenas intenciones. Pero también me parece que con 10 años más de madurez y de experiencia, estoy mejor capacitado para identificar, definir e implementar ese cambio de perspectiva que tanto anhelaba.

En medio de esta confusión me di cuenta con claridad que necesitaba rodearme de soledad y silencio para abordar a fondo mis inquietudes y cuestionamientos. Sentía que la pregunta que tenía entre manos era importante, e intuía que de su respuesta dependería en buena medida el rumbo que tomaría mi vida en el segundo tiempo.

Una vez más, las palabras de Martí García acudieron en mi ayuda: "En nuestro hondón debemos encontrar el refugio seguro donde descansar. La paz del alma es la verdadera tabla de salvamento. A solas con nosotros mismos es donde disfrutaremos de los momentos más intransferibles y quizá también más exquisitos. El buceo interior se premia casi siempre con el hallazgo de tesoros imprevistos".

La realidad es que yo no había encontrado el tiempo suficiente para aislarme y pasar más tiempo a solas conmigo. Esa llamada se hizo urgente.

Un retiro espiritual de silencio por una semana me pareció el entorno más apropiado para tratar de descifrar esas inquietudes que tanto me agobiaban, y sobre todo para pedir a Dios que me iluminara en las decisiones trascendentales que —sentía— debía tomar. Sabía que ya no podía vivir posponiendo la toma de conciencia, que no podía darme el lujo de que todo volviera a quedar en buenas intenciones. ¡Debía actuar ya!

Llegué confundido al retiro, buscando soledad y silencio. Salí con una fuerte esperanza y con la ilusión de emprender este proceso de vida de forma proactiva, con muchas ideas y proyectos que eventualmente aportarían al diseño de mi segundo tiempo.

Tras leer el libro de Bob Buford, una idea seguía pulsando en mi corazón: quería saber más, sumergirme más en el tema del medio tiempo. Pero ¡había tan poco escrito al respecto! Investigando un poco más a fondo descubrí que el propio Bob Buford había fundado una institución que se dedicaba a enseñar y promover el concepto del medio tiempo. Así que, con la intensidad que me caracteriza, me inscribí al programa del Halftime Institute, que se dedica, precisamente, a ayudar a funcionarios, empresarios y profesionistas de todo el mundo a diseñar el segundo tiempo de su vida.

Estaba entusiasmado con el programa, que se llevaría a cabo en la ciudad de Dallas; pero tres días antes de que diera inicio, sucedió algo que volvió a sacudir mi vida y la de todos los que me rodean. Lo recuerdo muy bien: era Viernes Santo y cumpleaños de mi madre cuando mi querido hermano y socio, un tipazo alegre y deportista, sufrió un terrible accidente en la bicicleta. Pasaron horas antes de que los doctores nos pudieran decir qué pasaría. Tras estabilizarlo nos explicaron que su vida ya no corría peligro, pero su columna vertebral estaba dañada. Las implicaciones que esto tendría en su vida aún eran una incógnita. Fue la primera vez que escuché un diagnóstico de cuadriplejia para alguien tan cercano a mi corazón.

Al momento del accidente, mi hermano estaba no sólo en excelente forma física, sino también en una época de plenitud personal y familiar, acompañado de su esposa y cuatro hijos. Éste fue un suceso devastador tanto para él como para su esposa, sus hijos y mi madre. Por supuesto, para mí también. Hoy, a dos años del accidente, mi hermano sigue siendo para mí una referencia de fuerza y lucha. Ha mantenido una actitud y entereza heroicas ante un hecho capaz de demoler a cualquiera. Su fuerza interior y su extraordinaria visión lo mantienen no sólo a flote, sino optimista y de buen humor, aunque su vida aún transcurre sobre ruedas y a la fecha no ha recuperado la facultad de caminar.

En aquel momento mi mundo también terminó de ponerse de cabeza, y aunque lo sabía, viví en carne propia el hecho de que no tenemos asegurado el mañana. La vida es prestada, y aunque siempre lo había sabido, allí lo sentí más real y cercano. ¡Cuánto puede cambiar la vida en un segundo!

En esos momentos de indescriptible tensión para mi familia, su esposa y sus hijos, me cuestioné seriamente si era el momento para abordar mi desconcierto existencial y si debía asistir al programa de Halftime en Dallas, que estaba a pocos días de comenzar. Sentía que era mi deber estar con él, apoyando en todo. Pero mis otros hermanos me animaron a hacerlo. Tal vez percibían mi sentido de urgencia.

Hablé con el director del programa y le describí mi situación. Para mi sorpresa, me explicó que a muchos de los que acudían al instituto les sucedía algo que los hacía reconsiderar su asistencia: un ascenso, un divorcio, un accidente o un cambio de vida. Me dijo: "Pareciera que algo o alguien confabula para que algunos desistan". Entonces decidí que tenía que estar ahí.

Con el corazón hecho nudo y después de varias noches de insomnio que aumentaron mis dudas, sin saber bien por qué, me fui a Texas para tomar el programa. El Halftime Institute resultó un gran descubrimiento. Ofrecía un programa completo que abordaba el tema del medio tiempo en todas sus dimensiones: personal, familiar, profesional, espiritual, económica, social, etcétera. Allí conocí a otras personas que pasaban por el mismo proceso, que compartían sus dudas, sus miedos y su visión para enfrentar esta etapa crucial de su vida y que se había propuesto planear en serio el segundo tiempo.

A pesar de que el enfoque del programa estaba diseñado para anglosajones, sabía que muchos de los conceptos eran tropicalizables para nuestro entorno latino. Me siento afortunado de haber podido participar y estoy muy agradecido con sus directivos.

Referir el alcance, el aprendizaje y los efectos del curso llevaría muchas páginas, y muchas de sus conclusiones pertenecen a la intimidad, pero me quedo con estas ideas centrales que hicieron especial eco en mi persona:

1. Elimina las prisas a cualquier precio *(Ruthlessly eradicate hurry)*. Una de mis batallas personales es, sin duda, reducir la velocidad con la que vivo, y que si bien me ha generado grandes logros, también me ha acarreado un evidente desasosiego y falta de paz interior. Ese activismo se ha convertido en una forma de estar en la vida que ya no estoy dispuesto a tolerar. Como un tipo organizado y disciplinado, sé que hago bien en estar ocupado. Pero ya no más apresurado.

   Ésta será sin duda una de las batallas que tendré que pelear, aun con la certeza de que durará toda la vida. Facundo Cabral lo decía muy bien: "En aprender a vivir se nos va toda la vida…".

2. Detente a oler las flores *(Stop and smell the flowers)*. Este mensaje ha sido especialmente importante para mí, porque al vivir en ese ritmo frenético, que ha sido necesario para llegar al éxito profesional, claramente he dejado de vivir el momento presente, y en cierta medida he perdido la capacidad de disfrutar y de asombrarme ante la cantidad de bendiciones de que vivo rodeado.

Espero que la capacidad de vivir a un ritmo más sosegado me permita estar en el presente en toda su intensidad y de verdad valorar —y agradecer— lo mucho que he recibido y sigo recibiendo.

Mi padre me repetía una frase que aún recuerdo: "Es de bien nacidos ser agradecidos". Ésta y muchas otras frases suyas permanecen en mi memoria, pero sobre todo la congruencia con las que él mismo las vivió. Tuve el privilegio de tener en él un gran ejemplo de un hombre sin doblez, que siempre vivió como pensó. Su vida entera fue un himno a la congruencia.

3. Renuncia al control *(Relinquish control)*. Este concepto lo interpreto como la importancia de aprender a dejar de querer controlarlo todo, a hacer las paces con las imperfecciones, los errores, los defectos propios y ajenos, y con gran cantidad de cosas que son parte de la vida y que normalmente nos alteran cuando no salen como esperábamos o como las planeamos. Esto puede ser muy útil en un entorno tan exigente como en el que vivimos, y no tiene nada que ver con la dejadez ni con la mediocridad. La idea es seguir poniendo el mismo empeño, cuidado y profesionalismo al hacer las cosas, y especialmente nuestro trabajo, pero entendiendo que no siempre el resultado depende de nosotros y que intentar controlar todas las circunstancias que inciden en el resultado final es una utopía y nos causa un enorme estrés. Y, sobre todo, no sirve de nada. Según la teoría de Stephen Covey, debemos centrarnos en las actividades que se encuentran dentro de nuestra área de influencia y dejar de sufrir por aquellas que caen en nuestra área de preocupación, sobre las cuales no tenemos ningún control.

4. Elige una cosa que te defina *(Define your "one" thing)*. Piensa en una cosa (sí, una sola) que se anide en la intimidad de

tu corazón, algo que te mueva, te apasione, te inspire, te defina como persona y sea capaz de llevarte a descubrir la misión única e irrepetible para la que Dios te ha creado. En el descubrimiento de esta misión y en su cumplimiento se encuentran —en mi opinión— la plenitud, la felicidad y la trascendencia a que aspiramos.

La crisis de la mitad de la vida abarca muchas áreas: tu persona, tu familia, tu matrimonio, tus hijos, tu trabajo, el ritmo al que vives, tus inquietudes espirituales, tus amigos, tus aficiones, tu misión personal, tus relaciones más íntimas. Te empuja a entrar en un proceso de desintoxicación de lo que hasta ahora ha sido tu primer tiempo.

Para explicar el concepto del medio tiempo, Bob Buford utiliza las curvas sigmoideas de desarrollo que muestran la progresión de nuestras potencias físicas y espirituales:

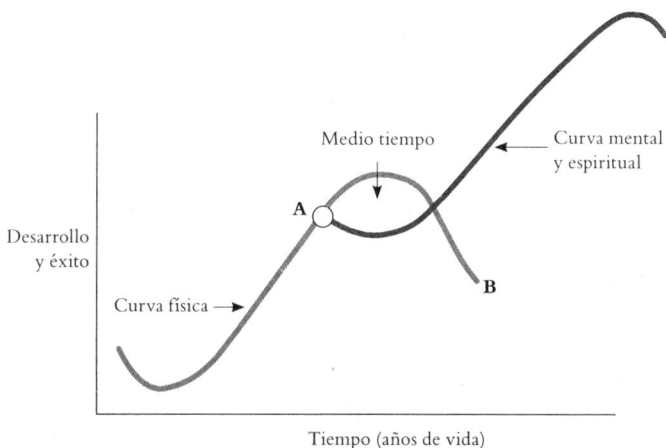

Tiempo (años de vida)

La curva de las potencias físicas se desarrolla positivamente durante los primeros años de vida hasta alcanzar un tope. Inevitablemente, el cuerpo se deteriora y comenzamos a envejecer. Si no permitimos que nuestras potencias mentales y espirituales tomen primacía en el plan del segundo tiempo, nos enfrentaremos a la decadencia, nos dejaremos arrastrar por nuestro cuerpo.

Aunque podemos hacer mucho para que nuestro cuerpo tenga largos años de plenitud (con alimentación, ejercicio, etcétera), eventualmente la curva caerá, y mientras más pronto hagamos las paces con esa realidad, más oportunidad tendremos de hacer una transición provechosa.

La otra curva, la de las potencias mentales y espirituales, comienza a dispararse en la edad adulta, cuando el cuerpo empieza a perder empuje. El medio tiempo nos permite no flotar o nadar de muertito hasta el retiro, sino alcanzar cotas de éxito y felicidad que en la juventud parecían imposibles.

¿Qué hacer con el tiempo, la energía, los recursos y la experiencia que nos quedan? Ése es el dilema en esta crisis.

Seguramente te has topado con muchas personas que viven sin rumbo, como veletas. Después de todo, dijo Séneca, "para un barco sin rumbo ningún viento es favorable". Muchas veces nosotros podemos vivir así.

Hacer un alto voluntario y adentrarte en tu medio tiempo es una invitación a repensar tu forma de estar en el mundo y a retomar el rumbo de tu vida, hacia donde tú decidas llevarla. Para eso definir tu misión —tu *"one" thing*— es imprescindible; ésta será el faro que te guíe al cambiarte del asiento del pasajero al del piloto. Descubrir y realizar tu misión te dará la certeza de que vas al volante en el viaje de la vida.

La transición del medio tiempo es un proceso íntimo, personal. Cada quien ha de transitarlo a su manera, a su tiempo y de acuerdo con su personalidad, circunstancias y filosofía de vida. Las pasiones, talentos, anhelos y valores son únicos en cada persona, y también son las herramientas con las que contamos para definir nuestro proyecto de vida para el segundo tiempo.

En mi caso, recibí varias señales que acusaban la presencia de la crisis; la más importante, la sensación de que algo me faltaba y la desesperación de no verlo con claridad. A partir del primer campanazo se sucedieron una serie de señales que adquirieron especial significado para mí. Recuerdo particularmente una ocasión en que mi familia y yo visitamos nuestra casa de descanso, y me di cuenta de que hacía años que no tenía oportunidad de pasar tiempo en ese sitio que habíamos comprado con tanta ilusión, precisamente para descansar y dedicarnos a la familia. Quise salir a jugar golf, como solía hacerlo, pero las empuñaduras de los bastones estaban carcomidas por la humedad. Después me puse los zapatos de golf sólo para darme cuenta de que las suelas estaban enmohecidas. Cuando saqué un par de bastones, descubrí que estaban oxidados. ¿De verdad había pasado tanto tiempo desde la última vez que estuve aquí? ¿No sería yo el que se estaba oxidando?

Recibí muchas otras señales que me impulsaban a pensar en una pausa urgente.

La confusión estaba a tope, pero las cosas se pusieron aún peor. Los cuestionamientos internos que me agobiaban se fueron enfocando en mis relaciones personales más cercanas. Mi matrimonio no fue la excepción, por lo que en medio del fuerte impacto del accidente de mi hermano y de la intensidad propia de las mil actividades y los compromisos que seguían absorbiendo mis días, se desató en mi matrimonio una crisis en la que parecían ponerse de pie muchos desencuentros, discusiones y conflictos acumulados en 22 años.

Cuesta trabajo aceptarlo, y más aún escribirlo aquí. Pero puedo decir que esta crisis matrimonial fue uno de los principales detonadores que me orillaron a reflexionar a fondo respecto a la relación más importante de mi vida.

Ya había habido otras crisis, como las que tenemos todos y que muchas veces nos negamos a reconocer. Con el tiempo la vida nos da cada vez más muestras de lo difíciles que son las relaciones humanas, y más una relación como la matrimonial, que compromete la mayor intimidad y convivencia con una persona distinta de nosotros. De ahí que al pasar de los años nos damos cuenta de que, si no nos cuidamos, la relación con el cónyuge se desgasta y puede llegar el desencanto.

A esas alturas del partido ya sabía que tener desavenencias, discusiones y diferencias con la pareja era lo normal, y que, afrontadas con serenidad, humildad, y sobre todo dejando a un lado el egoísmo y el orgullo que tanto daño hacen, normalmente se encuentran formas de salir adelante y nuevos motivos para seguir luchando. Con el tiempo olvidamos que la vida sería mucho más fácil si nos decidiéramos de una vez por todas a enfocarnos en las muchas cosas positivas de nuestra pareja y nuestra relación, en lugar de seguir empeñados en cambiar lo que no tenemos. Los años y las experiencias cercanas muestran que cualquier plan B es peor que tener la valentía de resolver los problemas que nos permitan cumplir nuestro compromiso de seguir juntos hasta que la muerte nos separe. Y vale mucho la pena.

Es obvio que hay situaciones irresolubles, patologías que imposibilitan la convivencia o errores con gravísimas consecuencias que minan la credibilidad, debilitan la lealtad y confianza en la pareja, y hacen inútiles los esfuerzos por sacar adelante la relación. Afortunadamente, ése no era nuestro caso, lo cual me hacía intuir que, con voluntad, de una u otra forma saldríamos adelante.

En medio de la situación de mi hermano y la crisis de mi matrimonio, seguía atrapado en un torbellino de citas, viajes, clientes y proyectos, de los que aparentemente no podía escapar. En vez de ser yo quien guiara mi vida y mi carrera, parecían ser ellas las que me llevaban a mí atropelladamente. Me costaba diferenciar lo importante de lo urgente. Había perdido el control de mis días en manos de un activismo enervante.

Sumado a esto, experimenté con claridad el desconcierto, la confusión y la duda respecto a mi lugar en el mundo y mi postura ante la vida y el entorno. También sentía apatía o desinterés hacia cosas que antaño me llenaban de emoción y que se habían convertido en rutina. Había perdido la capacidad de admiración y, más grave aún, la ilusión de vivir. Nuestra humanidad, esa fantástica unión de cuerpo y alma, sabe mandar señales, focos rojos, síntomas que nos permiten darnos cuenta de que algo anda mal. Cuando tenemos fiebre, sabemos que la temperatura no es el problema en sí mismo: es sólo una manifestación o reacción de nuestro cuerpo ante una amenaza más grave, como puede ser una infección bacteriana. Ante la crisis de la mitad de la vida podemos atacar los síntomas y elevar artificialmente la adrenalina, tirarnos a la hamaca y "nadar de muertito" o abandonarnos a nuestra zona de confort, o bien podemos buscar un diagnóstico más serio y tener la valentía y la determinación para abordar el tema con la profundidad que requiere.

¿CÓMO SÉ SI ESTOY EN LA CRISIS DE LA MITAD DE LA VIDA?

Cada persona es distinta, y cada quien vive su proceso de forma personal y única. Pero hay algunas señales, algunos focos rojos, que te harán darte cuenta de que te encuentras en la crisis de la mitad de la vida:

- A pesar de lo que has hecho, sientes que no vives con suficiente alegría, paz y plenitud.
- Tu vida ya no te da la satisfacción y la adrenalina que antes te daba.
- Tienes una sana pasión que no has desarrollado.
- No tienes claro el sentido ni la misión de tu vida o no sabes qué espera Dios de ti.
- Buscas más equilibrio entre tu trabajo, tu familia y otros intereses.

- Te has planteado seriamente cambiar el ritmo y el enfoque de tu vida para dedicarte a proyectos de mayor impacto social.
- Has vivido a un ritmo frenético que no te ha permitido plantearte qué quieres para la segunda parte de tu vida.
- Sientes que has pagado un alto precio por tener éxito profesional y estás distanciado de tu familia, de tus amigos y de ti mismo.
- Sientes que, en la primera parte de tu vida, para ser exitoso has tenido que jugar un papel que no te gusta o en el que no has sido verdaderamente tú mismo.
- Te sientes atrapado y te da miedo salir de tu zona de confort.

Si estás en cualquiera de estas situaciones, entonces tienes que atender los focos rojos de tu tablero de control. Y para atenderlos, tendrás que apagar el piloto automático, salir de ese mundo en el que te sientes cómodo y atreverte a mirarte desde fuera.

Ayrton Senna, la leyenda del automovilismo, dijo alguna vez: "Si sientes que llevas el control de tu coche, entonces vas demasiado lento". No es ésta una apología de la velocidad, sino de la necesidad de abandonar tu zona de control para transitar hacia terrenos inexplorados. Lanzarte a explorar estas nuevas áreas de tu personalidad puede ser una de las experiencias más maravillosas de tu vida.

Cuando por fin vi con toda claridad que estaba entrando en mi medio tiempo, decidí enfrentar el problema a profundidad y dedicar espacio y esfuerzo a la introspección, la meditación y la oración que —intuía— se requieren para abordarlo seriamente. Me propuse rodearme —en los espacios que mi intensa agenda me permitía— del silencio y la soledad que sabía eran indispensables para entrar al fondo del corazón.

En las distintas conferencias que he dado respecto a este tema y en el sinnúmero de conversaciones que he sostenido con tantas personas interesadas en él, explico que al medio tiempo se entra por la puerta de la decepción o de la confusión. Se entra como resultado de ese desconcierto existencial al que se refiere García Martí.

Pero ¿qué lo provoca?, ¿qué detona esa sensación de confusión y desconcierto? Aunque puede haber varias respuestas, para mí las principales son dos:

1. Un acontecimiento externo suficientemente fuerte como para "tumbarnos del caballo" y obligarnos a redefinir nuestras prioridades, como la muerte de un ser querido, un accidente, un divorcio, un descalabro económico o cualquier evento externo que nos haga confrontarnos con lo verdaderamente importante y trascendente, y que nos fuerce a poner en perspectiva la relativa importancia que tienen las cosas que nos ocupan.

   Cuando esto ocurre es comprensible que, como resultado de ese desconcierto, nos cuestionemos nuestra forma de estar en el mundo y nos hagamos preguntas más profundas e incómodas respecto a nuestra vida: ¿quién soy?, ¿dónde estoy?, ¿adónde voy?

2. Un alto voluntario. Se trata de hacer una pausa por iniciativa propia, sin necesidad de que un suceso externo o aparente nos desestabilice.

Aunque normalmente hace falta una sacudida para darnos cuenta de que algo no va bien en nuestra vida y que es necesario redefinir el rumbo, ésta no necesariamente debe provenir de un evento externo. Puede ser el resultado de un acontecimiento menor que tenga para nosotros un significado especial, que nos haga despertar del letargo de la rutina y nos ponga frente a nosotros mismos de una forma que sólo nosotros podemos entender cuando nos ocurre.

Puede ser llegar en la noche a casa y descubrir que, más que un hogar, es una suerte de hotel, que los nuestros sólo llegan para tener un lugar donde dormir, que cuando nos topamos con la esposa o los hijos no tenemos nada en común y no hay de qué hablar. O la sensación de habernos convertido en un cajero automático al que sólo acuden cuando se necesita dinero. O vernos en el espejo y constatar que nuestros mejores años quedaron atrás. Más aún, pensar que como nos vemos hoy en el espejo es lo mejor que nos vamos a ver el resto de nuestras vidas. O ver a una familia conviviendo cuando nosotros tenemos años sin comer con la nuestra. O encontrar un accidentado en la calle y que nos pase por la cabeza el pensamiento de que pudimos haber sido nosotros quienes estuviéramos arriba de esa ambulancia.

La propia conciencia tiene mil formas de mandarnos señales, pero sólo las captaremos si prestamos atención. Por todo esto te recomiendo que salgas de tu primer tiempo por tu propio pie, antes de que las circunstancias te obliguen a hacerlo.

Ya he dicho que cada quien entra en su crisis a su debido momento y a su manera, y para cada quien el detonador puede ser diferente. Lo que tienen en común estos detonadores es que nos hacen levantar la cabeza, hacer una pausa y plantearnos las preguntas difíciles acerca de nuestra persona y nuestra vida, ésas que creíamos tener resueltas.

Entre todas esas interrogantes, éste es el que siempre resulta más difícil: ¿soy feliz? ¡Vaya pregunta!

Para poder rumiar el tema con la profundidad requerida, intuía que debía cambiar de ambiente, rodearme de un entorno que promoviera la reflexión. Los fines de semana me iba solo con mis perros a la montaña, reflexionando, dándole vueltas al tema. Cuando parecía que había alcanzado una conclusión, surgían nuevas dudas y obstáculos. La rutina y los hábitos no se dejaban vencer.

Por su parte, los retiros de silencio me ayudaron a escuchar la voz de Dios en el proceso —cosa que me parece fundamental—, así como a retomar algunas preguntas que en el primer tiempo aprendí a ignorar: ¿quién soy?, ¿dónde estoy?, ¿adónde voy?, ¿para qué estoy aquí? y, sobre todo, ¿soy feliz?

Sin embargo, comprendí que unos cuantos días de silencio no eran suficientes para responder a esas preguntas fundamentales, de modo que, en medio de mi apretada agenda, con gran cantidad de compromisos profesionales y personales, decidí —todavía no sé cómo— tomar dos semanas para hacer una peregrinación de 320 kilómetros en el Camino de Santiago, solo, por supuesto. En mi caso, abandonar la zona de confort me llevó a cruzar el Atlántico y enfrentar mis propios dragones.

Se hace camino al andar

A pesar de la urgencia con que se instaló esa idea en mi corazón, sabía que no debía emprender una aventura de ese calibre sin una buena preparación. Me tomó más de ocho semanas planear y entrenar para el viaje que me llevaría a caminar más de 300 kilómetros en medio de la mayor soledad y silencio que he conocido. En mis circunstancias parecía una locura distanciarme de todo, abandonar comodidades y responsabilidades, y lanzarme a una aventura de dos semanas en donde cada día bastaba para sí mismo: sin saber dónde dormiría y comería, ni con qué me encontraría. Una locura, sí, pero al mismo tiempo la cosa más sensata que había hecho en muchos años.

Uno de mis hermanos —con más experiencia en el tema— me ayudó a conseguir mochila, botas, bastones, bolsa de dormir, toallas, calcetines antiampollas, linterna, curitas y vaselina, así como una gorra especial, camisas con tecnología para repeler los rayos ultravioleta, reloj con podómetro, lentes ligeros de sol, medicinas y demás. La mitad de estas cosas ni siquiera sabía que existieran, hasta ahora. Lo más increíble fue que, en su conjunto, el equipo no debía pesar más de ocho kilos, 10% de mi propio peso; de lo contrario, mi espalda podría lastimarse.

Mi hermano pensaba que una personalidad como la mía era incompatible con ese tipo de aventuras, pero me ayudó con paciencia a armar el viaje. No sabía entonces que mi viaje, tanto externo como interno, acabaría por hacerme adicto a caminar.

Durante esas semanas me entrené lo mejor que pude, aun con una agenda que seguía sin dar cabida a espacios personales; practiqué caminata, corrí con pesas, visité el gimnasio de los hoteles en los que me hospedaba y demás. Cuando me veían caminando, mis vecinos me ofrecían aventón; tal vez pensaban que estaba perdiendo el sentido cuando les decía que prefería seguir andando. "¿Tu coche está en el taller?", me preguntaban.

Como buen mexicano, no empaqué hasta una noche antes del viaje; entonces descubrí con asombro que la mochila pesaba dos kilos más de lo debido. Decidí llevarla así, pensando que iría dejando cosas en el camino. Después de todo, ¿no era ésa una de las razones del viaje mismo?, ¿desprenderme de algunas cosas que me pesaban de más?, ¿aprender a viajar más ligero?

Por fin, a pesar de mis dudas y mis miedos ("¿Y si me lesiono? ¿Y si algo pasa en casa? ¿Si me necesitan en la oficina? ¿Si los clientes se enteran de que no estoy disponible? ¿Estaré siendo irresponsable…?"), emprendí un viaje que tenía mucho de aventura y todo de metáfora. El Camino de Santiago de Compostela es como la vida misma.

Tenía la firme convicción de que me tomaría 320 kilómetros —la distancia entre León y Santiago— salir de mi zona de confort al menos por un tiempo; tiempo que —esperaba— sería suficiente para el encuentro conmigo mismo.

Mi primera parada fue Madrid, donde, fiel a mi habitual sentido de aprovechar el tiempo, tuve un par de citas de trabajo. Viví la primera experiencia de desprendimiento al dejar el traje y la corbata que llevaba para las citas en el clóset del hotel. Literalmente dejé mi "piel" de abogado intencionalmente olvidada en esa habitación y me vestí de peregrino. Me puse la mochila en la espalda y por fin pude decir: "Hoy comienza la aventura de mi Camino de Santiago". No digo "el" Camino, sino "mi" Camino.

El 30 de junio de 2015, a las 5:30 de la mañana, sonó el despertador. Por fin terminó la espera. Fiel a mi personalidad (¿cambiaría esto con el camino?), amanecí agitado, ansioso, con el cuerpo tenso, como preparándome para una agresión o una lucha, como a punto de entrar en una negociación difícil.

Traté de sacar algunas cosas de la mochila para aligerar el peso. Noté que todos mis pensamientos eran de tensión y no de ilusión. A las 6:45 tomé el tren de Madrid a León para empezar el recorrido.

Mucho se ha escrito y cantado sobre el valor del primer paso. Pero el primer paso de mi viaje fue más apresurado que místico.

Calzando unas botas Vasque y con nueve kilos en la espalda —las únicas posesiones que podían acompañarme—, arranqué en León, postrado, besando el camino pedregoso y polvoriento, pidiendo ayuda divina y agradeciendo la oportunidad de encontrarme ahí. Mis pies caminaban rumbo a un pueblo de Castilla, pero mi mente aún se encontraba anclada en los miles de pendientes que dejaba atrás.

Primera parada, primera revisión. El peso de la mochila, el dolor de espalda, las botas que se habían portado como debían. Todo seguía bajo control y pude empezar a disfrutar del verde de los campos, las interminables terracerías, los riachuelos de riego bajo el sol abrasador. Algo empezaba a suceder en mí; lo noté cuando me sorprendí a mí mismo riendo a carcajadas, sin razón aparente.

Más de 30 kilómetros separan León de Hospital de Órbigo. El pueblo, que hasta ayer no era más que un nombre perdido en un mapa, me recibió esplendoroso con sus caminitos de piedras, sus techitos de teja y su famoso puente medieval sobre el río Órbigo. Yo estaba agotado, pero eufórico. Cuando llegué, a las 5:30 de la tarde, el termómetro tocaba los 38 grados. Fue el final de mi primera etapa.

A las pocas horas de haber llegado, me recibió la cálida familia que opera la pensión El Caminero, que fue mi primer alojamiento del viaje, el cual me sorprendió por su limpieza y sus detalles. En un pueblo tan chico, en algunos minutos ya había conocido al párroco y a algunos personajes de la pensión. Me asomé al albergue municipal y me di cuenta de que aún no me sentía preparado para dormir con otros 15 peregrinos que, a juzgar por su olor, habían decidido posponer el uso de la regadera comunal.

A las 10:00 de la noche seguía con la euforia de estar inmerso en esta aventura. Salvo algunas conversaciones con un noruego y varios españoles, confirmé que caminando solo, comiendo solo y bebiendo solo, al menos hasta ahora, la pasaba bastante bien. Tenía la ilusión de hacer de mi vida un anuncio de Johnny Walker que vi camino al aeropuerto: "Las grandes ideas se conciben al caminar".

De ahí fui a la iglesia para la Misa del peregrino. Al llegar vi al cura saliendo apresuradamente; me comentó que no habría misa porque iba saliendo "a un entierro de un tío que se ha *ahorcao*… pues fíjese *usté* que su hijo era drogadicto, y su esposa un poco de cascos ligeros, y pues decidió abrir la puerta falsa el pobre tío…"

Esto me recordó que tragedias y novelones hay en todos lados, por más pequeño que sea el pueblo.

El segundo día la alarma sonó a las 7:00 como lo tenía previsto, pero la escuché entre sueños y decidí dormir un poco más, pensando que esta etapa era corta. Siempre es una mala idea apagar el despertador. Cuando me di cuenta, me estaba tocando la casera a las 9:00 diciéndome que tenía el desayuno previsto a las 7:15 y que se esperaba un día muy caluroso. Salí a caminar ya con el sol muy alto. Gran error.

Ya en el camino me llegaron pensamientos que sabía que no eran míos y que me hacían cuestionarme: "¡Si fuera tan fácil seguir el camino de la vida como lo es seguir el Camino de Santiago!". En cada bifurcación y cada ciertos metros hay una flecha amarilla en el suelo, en un árbol, en una piedra, en un marca del sendero, de tal forma que casi no hay manera de perderse... En cambio, en el camino de la vida hay tantas decisiones, tantas bifurcaciones, tantas opciones, que es difícil saber cuál es nuestro camino. ¡Ojalá el tránsito por la crisis de la mitad de la vida estuviera tan bien marcado! No tenemos otra vista que el tiempo presente. Tenemos que trabajar con eso en el aquí y el ahora, que el presente es una pequeña eternidad, porque somos un suspiro que vive preso entre lo que fue y lo que será.

La soledad y monólogos internos empezaron a presentarse con más frecuencia y no pude evitar dejar caer las primeras lágrimas del viaje, que presentí —con razón— que no serían las últimas. Como escribió Laurent Gounelle en *Le jour où j'ai appris à vivre*, *El día que aprendí a vivir*: "Cuando caminas el tiempo pasa más lentamente. La cultura de la inmediatez y la hiperactividad en la que vivimos nos obligan a no estar en ninguna parte. Mientras caminamos nos sumergimos en el tiempo de la naturaleza, del universo, del cosmos. El tiempo de la vida. Nos reconectamos con nosotros mismos".

Por la noche cené un famoso cocido llamado "maragato": una bomba en el estómago, grasoso y bien acompañado de garbanzos y verduras. De noche y dando vueltas en la cama, extrañé una sal de uvas Picot.

Camino a Foncebadón, las primeras tres horas marcharon muy bien, con el reloj marcándome el paso, la distancia y el tiempo transcurrido (típica actitud previsora y de control con la que me he sentido seguro), pero a las cuatro horas, la batería de mi reloj —así como la mía— menguó. Tuve que parar a cargar el reloj en la corriente eléctrica, y por una caña bien fría. A los pocos minutos de haber parado, el nervio ciático me mandó señales de que no estaba nada contento con el esfuerzo, por lo que, aconsejado por unas peregrinas españolas, tuve que acudir al ibuprofeno para poder soportar el dolor.

La subida a Rabanal cobró su factura y cometí un nuevo error: aceptar un jugo de naranja y tomarlo de golpe. Muy pronto la acidez hizo estragos en mi estómago. El dolor y las náuseas me acompañaron el resto del trayecto. Faltaban aún cuatro horas de subida para llegar. Ese día era especial. Toda la jornada iba ofrecida a mi hijo, que cumplía 17 años. "Un tipazo", pensé; mi gran orgullo, mi gran amigo. Sabía que bien valía la pena el sacrificio como agradecimiento por tenerlo cerca.

Apenas a dos días de haber salido, mi cuerpo estaba demolido. ¿En qué me había metido? Ese día no hubo nada espiritual o trascendente; sólo la inacabable y dolorosa subida, un paso tras otro. Mi conciencia me urgía a abandonar, pero la maquinaria siguió trabajando.

Por fin llegué a Foncebadón, un pueblo diminuto con unas cuantas casas. Al dar una vuelta para destensar los músculos, encontré un letrero que decía: "Masajes para peregrinos". No me pareció mala idea…

Me dieron cita a las seis de la tarde. El local era una reunión de todos los clichés hippie-orientales, con colores y olores hindúes y objetos de lo más diversos. La "sala de yoga" era un cuartucho tras varios gallineros y establos; había que caminar entre el estiércol y la paja para llegar ahí. El masajista —un sesentón alto y cano de nombre Felipe— me enseñó su material: un montón de poleas en el techo. Decía que era una técnica alemana.

Seguramente Felipe me vio nervioso, y me preguntó si conocía el peyote o el DMT. Sonriendo, incómodo, le contesté que no, que no los había probado. "No dejes de probarlos —recomendó—. El DMT te abre un portal del infierno al cielo y sólo se da en la sierra de Chihuahua. Te abre a otras dimensiones…"

"Te abre a otras dimensiones… Eso es lo que venía buscando", pensé. Pero estaba claro que a las dimensiones a las que yo aspiraba no se entra por la puerta que proponía Felipe…

Para esos momentos ya estaba yo, literalmente, en otras dimensiones, colgado de cabeza, con un arnés que me tenía suspendido a un metro del suelo. Es hasta entonces que mi sentido común apareció —demasiado tarde— y me di cuenta de que no tenía idea de a dónde me había metido. Risa nerviosa. ¡Si la idea de hacer el camino era salir de mi rutina, vaya que lo estaba logrando!

Acto seguido, Felipe puso algún tipo de música hindú y comenzó a mecerme de un lado a otro, colgado de cabeza. Por fin sentí cómo mis músculos cedían y se relajaban poco a poco. Por lo menos el hombre sabía lo que hacía.

Salí relajado y mareado, riéndome de tan surreal experiencia. El sol aún no desaparecía, pero yo igual me tiré a la cama en cuanto pude. Al día siguiente me esperaban otros 28 kilómetros de bajada hasta Ponferrada.

El cuarto día lo inicié con un clima de montaña y una niebla con olor a limpio y fresco. El sonido del viento en el bosque me hizo olvidar el calor insoportable de la víspera.

Pasada una curva de la carretera, de pronto apareció ante mis ojos un refugio de montaña construido con piedras oscuras, lleno de banderas de todos los países. Lo atendía un monje que recibía a los peregrinos con hermosos cantos gregorianos para ofrecerles té y agua. Eso me hizo preguntarme por qué no escuchaba esa música con más frecuencia.

Me quedé ahí un rato en el que perdí el sentido del tiempo. Quizá fue la música, quizá el cansancio, quizá el camino, pero por primera vez en mucho, mucho tiempo, no tenía prisa.

Ponferrada me recibió pletórico; sus habitantes festejaban la noche templaria con los locales disfrazados de caballeros y el ambiente en las calles era de regocijo y de fiesta. La soledad permite la contemplación. Con esa actitud meditabunda me sorprendió un gran letrero justo al pie del Castillo de los Templarios: "Y buscaron la santidad en el silencio, y la encontraron".

Eso me hizo ver que hay varios tipos de silencio: el primero era aquel que yo había experimentado los últimos días, que va pendiente de las ampollas, de los dolores de pantorrillas o de los pensamientos obsesivos, y otro que es el de la contemplación, que promueve la escucha, la meditación, y predispone el alma para la inspiración, abre la conciencia y permite escuchar la voz de Dios.

El quinto día fue lo que muchos llaman —junto con el ascenso a los Pirineos— la etapa reina del camino, que es el ascenso al precioso y diminuto pueblo celta de O Cebreiro.

No sé si por técnica o por necesidad, cambié el paso duro por el pausado. Me di cuenta de que ese paso más lento, sin ir tan pendiente de los kilómetros, el tiempo, y los pensamientos con que la mente pretende controlarnos, promueve además la meditación y la actitud contemplativa que venía buscando. También te permite ir más atento de tu alrededor. Como ejemplo, vi varios letreros y escritos de peregrinos en las paredes y en carteles con mensajes, y hubo dos que me llamaron la atención. Si hubiera ido más rápido tal vez los hubiera pasado de largo: "No podemos juzgar la vida de los demás porque sólo cada persona conoce su propio dolor", y "Una cosa es saber que vas en el camino correcto y otra pensar que tu camino es el único". La reflexión de estos mensajes me acompañó muchas horas. Era otra señal de que al ir tan deprisa por la vida pasamos por alto mensajes y señales importantes.

Empecé a notar que ya se me habían presentado varios pensamientos, inspiraciones y reflexiones propios de varios días de camino. De hecho creo que fue sólo en mi sexto día de camino cuando empecé a entender de qué se trataba la aventura, a tomarle el ritmo, a escuchar voces interiores, a conectar con algunas ideas de mi proyecto de vida.

Las circunstancias, la soledad, el silencio, la incomodidad, el dolor, y sobre todo la magia del camino —que para entenderla hay que vivirla—, me movieron a desear de una vez por todas hacer realidad esas ideas e inspiraciones que se me presentaban cada vez con mayor claridad.

Nuevas preguntas taladraban mi mente: "¿De qué vale todo lo que has hecho si no lo haces con amor? ¿Qué tienes si no tienes un matrimonio vibrante? Mira hasta dónde has llegado, pero ¿vale la pena llegar solo?". Mi matrimonio y mis relaciones interpersonales eran los principales temas que debía meditar en el camino. Muchas veces pedí a Dios que me iluminara para tomar buenas decisiones.

Durante mis diálogos internos me preguntaba cómo era posible que casi no hubiera organizaciones, institutos o consultores disponibles para apoyar a parejas de buena voluntad, que queríamos sacar adelante un proyecto en común y que claramente (como muchas otras) necesitábamos ayuda. Me parece es el caso de muchos matrimonios que no tienen la madurez suficiente para entender que las personas y las relaciones normales enfrentan problemas, que muchas veces necesitan ayuda, y deciden en cambio jugar a la "casita feliz".

En varias ocasiones recibí una respuesta clara y firme al respecto —no era la que esperaba ni la que deseaba escuchar—: ciertamente urgían más centros, instituciones y consultores para ayudar a parejas con problemas o en crisis, pero si quería un organismo con las características que yo buscaba (profesional, serio, ético, con consultores y especialistas de primer nivel, con una línea en favor del matrimonio y la familia, y que manejara los casos con absoluta confidencialidad), debería crearlo yo mismo. No sólo sería de mucha utilidad para sacar adelante mi matrimonio, sino que ayudaría a muchas familias con problemáticas similares.

Precisamente de esos diálogos internos salió uno de mis proyectos centrales del segundo tiempo: una asociación de consultoría familiar para ayudar a tantos que pasan por momentos complicados. Hoy esa asociación es una realidad; se llama Family Consultoría (<www.familyconsultoria.com>), que atiende, apoya, asesora y acompaña a más de 350 personas al mes, y se espera que ese número siga creciendo.

Hubo otra respuesta que tampoco fue la que quería escuchar: para que ese organismo funcionara, mi propio matrimonio tendría que servir como ejemplo. No como un matrimonio "perfecto", sino como un matrimonio dispuesto a luchar.

Esas respuestas estuvieron acompañadas de muchas otras ideas, recuerdos y movimientos que claramente señalaban hacia una dirección concreta: empieza por ti, y dale a tu mujer lo que tú le pides a ella. Quita el dramatismo de los episodios negativos y concéntrate en lo mucho positivo que sí tienes.

Al llegar a la cima de una montaña que permitía ver el valle y la gran distancia que había recorrido, apareció de pronto otra vez la pregunta: "¿De qué te sirve haber llegado tan lejos si tu mujer no te acompaña?".

Vinieron a mi mente las palabras de Ratan Naval, empresario indio fundador de Tata Motors:

If you want to walk fast, walk alone.
If you want to walk far, walk together.

Puedo decir que en muchos sentidos mi viaje fue una pieza fundamental para tener hoy por hoy una relación matrimonial mucho más sólida, propia de un amor más maduro, con una gran mujer, y que haber superado la crisis fortaleció nuestro vínculo a tal punto que considero mi matrimonio como una de las conquistas más importantes de mi vida.

Meses después, mientras escribía estas líneas, terminaba el campeonato de Fórmula 1 2016 en que Nico Rosberg se coronó campeón del mundo. Su esposa, desde el *paddock*, lo felicitaba por radio y él le decía eufórico: ¡Lo hicimos, lo hicimos!, compartiendo con ella el mérito del campeonato. Algunos días después Nico anunció que se retiraba de la Fórmula 1 a sus 31 años, con toda una carrera por delante, para dedicarse a su familia. Al llegar a la cúspide supo volver la cabeza y pagar con amor a quienes tanto le ayudaron en su ascenso. Un ejemplo admirable y una muestra del poder del medio tiempo.

Es claro que en una relación como el matrimonio, que requiere de una entrega permanente y constante, nunca puedes decir "¡Lo hicimos!", como si la tarea estuviera terminada. Todos estamos expuestos a equivocarnos. Lo que sí me quedó claro es que el amor es un acto de voluntad, y en verdad hay que decidirse a querer querer.

Si bien es cierto que nunca se puede cantar victoria, una imagen similar a la de Nico Rosberg me vino a la mente cuando en mi comida inolvidable de 50 años, algún tiempo después, mi esposa presentó un video lleno de fotos y recuerdos desde que éramos niños, luego novios, después esposos y padres, y que reflejaba lo mucho que habíamos recorrido juntos. Anécdotas, viajes, lugares, familia, amigos, logros y fracasos, llantos y risas, y todo lo que la vida nos había deparado. Muchos no pudieron contener las lágrimas (empezando por mí), y recuerdo claramente que al final le dije, frente a más de 100 familiares y amigos cercanos: "Luquitas… Ahora sí, juntos hasta el final".

Tal vez ahí tomé conciencia de lo valioso de haberla tenido como compañera durante casi 23 años de estar juntos en el camino de la vida. Y de lo mucho que la quiero.

Nadie da lo que no tiene, y la idea de un instituto para apoyar a matrimonios y familias continuó formándose a lo largo del camino. Pero primero tendría que invertir en mi propio matrimonio y en reconquistar al amor de mi vida.

Había decidido que durante "mi camino" rumbo a Santiago no vería mis correos electrónicos ni llamadas, pero al quinto día caí en la tentación. Cuando revisé mis correos electrónicos para ver si no se había desplomado el mundo en mi ausencia, me sorprendí al ver que no había pasado absolutamente nada. No era —no soy— tan indispensable como imaginaba. Entre risas pensé que quizá ni siquiera habían notado mi ausencia. Entre los correos recibí uno de un amigo de San Francisco: era la foto de un peregrino en el Camino de Santiago que decía "El verdadero camino hacia la felicidad es el amor" *(The true path to happiness is love)*.

¿Sería coincidencia haber recibido ese mensaje justo en la jornada que había dedicado a reflexionar sobre mi matrimonio y mis relaciones personales más cercanas? Tal vez algún día lo sabré.

Mención aparte merece la indescriptible experiencia de ver el milagro eucarístico en O Cebreiro. En ese pueblo perdido en las montañas, durante un helado invierno en el año 1300, cuando un sacerdote benedictino estaba por celebrar la santa misa en el convento, se preguntaba si alguien acudiría al llamado cuando se presentó un campesino de nombre Juan Santín. El sacerdote dudó de la presencia real de Cristo; y así empezó a celebrar la misa. Al pronunciar las palabras de la consagración, la hostia se convirtió en carne y el vino en sangre que se derramó del cáliz, manchando el altar. Durante casi 200 años la hostia convertida en carne permaneció sobre una patena, hasta que la reina Isabel, en su peregrinar hacia Santiago de Compostela, conoció el milagro y decidió donar un relicario de cristal para la hostia milagrosa, donde permanece hasta nuestros días.

Fue sin duda una experiencia conmovedora presenciar ese milagro que, como muchos otros milagros eucarísticos de España e Italia, resulta tan poco conocido.

A los siete días de caminar, apenas podía creer que ya había transcurrido la mitad de mi viaje y que sólo me separaban 140 kilómetros de Santiago de Compostela.

Pasé por el diminuto pueblo de Triacastela, perdido en Galicia y que sin duda sigue vivo solamente gracias a los peregrinos que le dan vida a sus calles abandonadas, con el tintinar de mochilas de las que cuelga la concha de vieira con la cruz que identifica a los peregrinos en el camino a Santiago.

En esa etapa conocí a Tony y su esposa, una pareja de irlandeses que venían desde Francia, quienes me dieron una ilustrativa descripción de las etapas interiores que se suceden durante el camino.

Según me explicó Tony, son tres las etapas internas a lo largo del camino (después entendí que éstas no ocurren de forma lineal, sino que se entremezclan). La primera de ellas es la etapa física, en la que se padecen todos los dolores, ampollas, calambres, y hay preocupación por el estado físico. Dependiendo de cada persona, puede ocurrir en los primeros tres a cinco días.

La segunda etapa es mental, y comienza una vez que nos acostumbramos a las dolencias y a la incomodidad; en este punto nos complicamos la mente tratando de resolver cosas, encontrar luces claras en relación con nuestros problemas, y tratamos de controlar —o debería decir de seguir controlando— nuestro entorno, asumiendo que la solución de las cosas depende de nosotros y que necesitamos pensar y encontrar en la mente las soluciones a nuestros problemas.

La tercera es la etapa contemplativa, en la que, una vez que renunciamos a nuestras propias expectativas, nos entregamos a la contemplación y abandonamos nuestro tozudo empeño de controlarlo todo; enfocamos toda nuestra atención en vivir el presente con toda su intensidad y adoptamos una actitud más pasiva. Nos decidimos a, como diría mi amigo Guillermo, *take it easy* (tomarlo con calma), y comenzamos a entender que nuestra función es permitir que las cosas pasen sin tratar de dirigir nuestros pensamientos, sin dirigir a los que nos rodean, sin pensar que el mundo debe girar alrededor nuestro. Sin estorbar los planes de Dios.

Es curioso que durante la etapa de ese día tuve muchas inclinaciones hacia el abandono y escuchaba con frecuencia una voz en mí cabeza que decía *Déjamelo a Mí… Déjamelo a Mí…*, y se repetían en mi cabeza los diálogos internos de la lectura del libro de Jacques Philippe *La paz interior.* En esa extraordinaria obra se habla sobre un monje franciscano que duró 48 años en monasterios antes de alcanzar la paz interior, pero una vez que lo logró describe cómo no sólo cambió su vida, sino la de todos los que acudían a él a recibir sus sabios consejos. Relata también el interés del demonio en no permitirnos acceder a la paz interior, ya que sabe los muchos frutos que esto produce no sólo en quien goza de la paz, sino también en quienes lo rodean. ¿Será por eso que vivimos en medio de las prisas que generan la angustia y la ansiedad a las que nos hemos acostumbrado como forma de vida?

Espero que la experiencia de vida que fue el Camino de Santiago me haga entender de una vez por todas que a la paz interior sólo se accede a través del abandono. Del seminario del Halftime Institute resonó la frase: "Renuncia al control". Ésa fue otra de las metas que me impuse. Las ideas empezaban a embonar entre sí; seguí inclinándome hacia el abandono en Dios, que susurraba: "Déjamelo a Mí…".

Terminé las reflexiones de aquel día con un consejo de Álvaro, mi buen amigo, fuente de inspiración en mi vida. Él me dijo que todos somos peregrinos y que vamos por este mundo hacia la vida eterna; esa visión sobrenatural debe convertirse en nuestra ilusión permanente, nuestra medida de las cosas y el faro de referencia del peregrinar que es la vida.

El camino continuó. No sé si fue mi entrada en Galicia, donde me recibieron ríos, robles, valles y una vegetación que me protegió del inclemente sol, o que estaba comenzando la deseada tercera etapa de la contemplación; la realidad es que bajé toda expectativa, todo propósito y toda exigencia, y de manera natural —casi imperceptible— me entregué a lo que el presente me mostraba cada momento. Fue una de las etapas que más disfruté.

Empecé a percibir ese estado de ánimo desde el inicio del día en que salí de Triacastela: aunque iba con cierto retraso, lo tomé con bastante calma, entendiendo, por primera vez en mucho tiempo, que lo importante es el camino y no la meta.

Agradecimiento, abandono y amor eran las palabras clave que se perfilaban para quedar como propósitos muy concretos del camino. Son las tres A que pretendía me acompañaran lo más posible al regresar a mi realidad, esa realidad que destila prisa, agobio, exigencias (propias y ajenas), control y desasosiego.

De pronto, después de caminar horas en silencio, me volví a encontrar con Tony y su esposa; él sacó algo de su mochila polvorienta y me dijo que sentía que yo debía tenerlo, y me entregó una pequeña litografía que él había llevado por el camino desde Francia y que decía *Todos mis ancestros están detrás de mí. Está quieto —me dicen—, observa y escucha: eres el resultado del amor de miles.*

Agradecí el regalo y seguimos caminando en silencio otro par de horas, en las que obviamente me ocupé de ponderar las palabras de la litografía. Me llamó la atención que esa etapa la había dedicado de manera especial a mi querido padre y mis abuelos, y a tantos otros que habían sido importantes en mi vida y que simplemente ya se habían ido. Tal vez por eso resonaron en mí de forma especial las palabras: "Todos mis ancestros están detrás de mí. Eres el resultado del amor de miles". Ese día Tony tomó un autobús a Santiago y no lo volví a ver más.

El octavo día, por primera vez, no quería que la etapa terminara, y si en las etapas anteriores preguntaba cuántos kilómetros faltaban para llegar, en ésta me respondía a mí mismo: "¿Llegar para qué?, ¿para no hacer nada? Nadie me espera; da lo mismo que llegue a las dos que a las seis". Curiosamente, esto me produjo cierta sensación de libertad y confirmó cómo el manejo sosegado del tiempo puede tener y de hecho tiene un impacto importante en nuestro estado de ánimo y la serenidad con que pretendemos vivir. ¿Podré incorporar ese ritmo de vida a mi regreso a México? La serenidad empezaba a posicionarse como un anhelo concreto del medio tiempo.

La realidad era que al noveno día de camino, de Sarria a Portomarín, la etapa mental no acababa de cerrar su ciclo y se negaba a ceder el paso a la esperada etapa contemplativa.

Sentía ya claras muestras de cansancio, y al pensar que estaba todavía a cinco jornadas de Santiago, no podía dejar de anhelar volver a mi realidad.

Caminar siete horas al día, lavar mi ropa en el lavabo del piso, dormir en un diminuto cuarto, comer pan con mantequilla en espacios sin aire acondicionado ni ventiladores, a 40 grados de temperatura, me hizo apreciar lo mucho que tengo. Ha sido sumamente ilustrativo vivir con lo justo, sin comodidades y con un esfuerzo físico muy desgastante. También me percaté de la cantidad de cosas que nos sobran y de las necesidades absurdas que nos hemos creado.

La meditación me hizo cuestionarme cómo la falta de humildad llega a complicarnos la vida de más al darnos demasiada importancia. Al reflexionarlo te das cuenta de que en muchos sentidos eres sólo uno más. Pero al mismo tiempo pensé en la gran trascendencia de nuestro peregrinar por esta tierra de los hombres, en la que nos jugamos ni más ni menos que la eternidad, y en la importancia de hacer de nuestra vida una obra de arte.

Sin duda, también merece una nota especial el hecho de que empezaba a extrañar mi trabajo, la firma, mi equipo y el estresante ritmo profesional del que en teoría venía huyendo. Los seres humanos somos una constante paradoja.

En el trayecto de Portomarín a Arzúa pareció que el escenario boscoso, la niebla matutina y el sonido de los ríos se me metieron por los poros y me hicieron disfrutar esa etapa como la que más. Me parece que también influyó que ya me percibía en otra frecuencia, que estos días había venido operando bajo otros parámetros. Empecé a fijarme con atención en las distintas tonalidades del verde de los árboles y a sentir en mi cara el viento fresco de la mañana. Ya era poco lo que pensaba en los dolores, las ampollas y el salpullido en las articulaciones: aunque seguían ahí, a fuerza de ignorarlos se resignaron a no distraerme y a dejar de molestar.

Fui testigo de la inestabilidad de la mente —"la loca de la casa", la llama Santa Teresa—, que por naturaleza es intensa, nerviosa, obsesiva y completamente opuesta a la paz interior y el abandono, pues todo lo quiere controlar, prever, planear y anticipar. Las palabras volvieron a resonar: "Renuncia al control, Hugo; renuncia al control. Déjamelo a Mí; déjamelo a Mí".

Ésa fue otra etapa larga (30 kilómetros) y estuve bastante adolorido, pero ¿parecería exageración si dijera que durante varias horas estuve flotando, disfrutando el momento, instalado en el presente, bebiéndome los colores y la textura del paisaje con inusual intensidad?

Finalmente, y después de 12 días tuve claros indicios de que había dejado atrás la etapa mental para dar paso a la etapa contemplativa.

Paré en Melide y tomé una siesta que me permitió atacar la tarde con energía renovada. A pesar de que ayer ya pedía a gritos el fin del viaje, la etapa de ese día fue tan sabrosa y la disfruté tanto que ahora me pesaba saber que faltaba poco para que terminase la odisea.

Santiago, ya me estaba acercando...

En O Pedrouzo —apenas a 20 kilómetros de Santiago— me pareció increíble estar en el mismo lugar donde, en octubre de 2014, hacía apenas nueve meses, mi hijo, mi hermano y yo nos dimos una idea del Camino de Santiago. Turista entonces, peregrino ahora, la diferencia era evidente: el turista exige, mientras el peregrino agradece. Y me pregunto: ¿no andaremos por el camino de la vida como turistas, exigiendo que el mundo confabule en nuestro favor, para concederle el "honor" de disfrutarlo? No pude evitar pensar cómo habían cambiado muchas cosas desde entonces, cuando celebrábamos el 70 aniversario de mi madre, con un viaje memorable.

En fin, el hecho fue que, tras un intenso, demandante y muy enriquecedor viaje desde León —a más de 300 kilómetros—, estaba por fin a las puertas de Santiago de Compostela.

Es difícil explicar la cantidad de matices, implicaciones, inspiraciones, dolores, movimientos, ideas, circunstancias y cambios que experimenté en esos 14 días, los cuales se perfilan para dejar una huella indeleble en mi personalidad, mi modo de ver la vida, mi actitud, mi postura y mi forma de afrontar muchos de los dilemas que cuestioné en ese camino.

La etapa siguió con un tono contemplativo; mi lado espiritual se regodeó en los paisajes, los bosques, la serenidad y la sensación de flotar a pesar de los dolores de piernas, la distancia y el calor.

Me dio gusto darme cuenta de que ni la gripa, ni las flemas, ni los dolores de piernas, las ampollas, el salpullido, la falta de sueño, el agua en el oído, el calor, la incomodidad, los kilómetros, o la cantidad de responsabilidades, preocupaciones, agobios y retos que tuve que dejar atrás para alejarme esos días del mundanal ruido y del activismo en que vivo rodeado, fueron capaces de detenerme en este sueño, en el que pude sentirme realmente peregrino y prescindir de comodidades para llevar mi zona de confort al límite. Me di cuenta de que se vale volver a soñar, y pensé nuevamente: ¿cuáles son mis sueños? Y te lo pregunto a ti ahora. ¿Tú sabes cuáles son los tuyos?

Sin duda es necesario mencionar las largas horas que, a lo largo de mi camino, preguntas fundamentales como ¿quién soy?, ¿dónde estoy?, ¿adónde voy? y, sobre todo, ¿soy feliz? ocuparon mi mente y mi corazón. Mis respuestas a esas preguntas y a tantas otras en que me he embriagado en estos días corresponden a la intimidad y obviamente no son publicables. Quienes han vivido este proceso, sin embargo, saben bien a qué me refiero.

Durante la última etapa tuve el firme propósito de hacer una caminata llena de agradecimiento, en la que en cada uno de los 20 kilómetros que me faltaban pudiera dedicar a pensar de manera significativa en las mayores 20 bendiciones por las que tengo que estar agradecido.

Al día siguiente abracé con especial cariño y nostalgia la etapa final. En plena euforia llegué a Santiago de Compostela, en una jornada pletórica de sol, bosques, ríos y peregrinos distantes que me permitieron experimentar una soledad amigable. Una etapa de agradecimiento. Tuve claro que se anda mucho más libre por la vida con menos cosas y comodidades. Y, sobre todo, a pie.

Al llegar a Santiago, de forma instintiva me postré frente a la catedral a besar el piso para agradecer otro gran regalo de la vida, mientras mis labios sentían la losa polvorienta y caliente de piedra antigua y el sabor salado de las lágrimas que no pude contener.

Ya dentro de la catedral entendí que, además de tener un sentido religioso, el enorme botafumeiro lleva a cabo una importante función: mitigar los olores de los peregrinos que se apilaban alrededor del altar.

Al salir de la catedral me acerqué a la Oficina del Peregrino para pedir "la Compostela", que es la constancia que se otorga a los peregrinos que han hecho la peregrinación. Al estar frente al oficial, no sé por qué, pero di el nombre de mi hermano para que se expidiera el certificado. Pensé al recibirlo: "Tú no puedes caminar hoy; pues yo lo hice por ti".

Viví una profunda catarsis repleta de soledad, lágrimas, llagas, carcajadas, silencio, ampollas, éxtasis, agradecimiento, contracturas, conversaciones profundas e insolación por los casi 40 grados de temperatura en España. Durante el trayecto, además de apagar el celular y la conexión con el mundo exterior, desactivé el piloto automático, y la experiencia me llevó al límite en todos los sentidos.

Fue sin duda un alto en serio, una verdadera pausa. No recuerdo otra etapa de mi vida con tantas ideas, luces, confusiones, dudas, incomodidades, satisfacciones y respuestas. Se trató de una de esas catarsis que para entenderlas hay que vivirlas. Pensaba que exageraban quienes decían que el Camino de Santiago tenía el poder de cambiar la vida; ahora considero que se quedan cortos.

Entonces ignoraba que caminar se convertiría en una de mis pasiones, y que vendrían otros caminos, como el Inca, el de Emaús, el de Talpa, la Vía Francigena y otras etapas de Santiago; pero hasta ahora ninguno ha tenido la misma intensidad y calado que "mi" camino de la crisis de la mitad de la vida.

Me despedí de Santiago con una opresión en el pecho, mezcla de agradecimiento, melancolía y dicha. Después volé a Italia y entré caminando en la Basílica de San Pedro, donde late el corazón de la Iglesia católica. Fue ahí donde la peregrinación realmente terminó.

Absorto en la meditación propia del lugar y rodeado de un silencio abrumador, hice el firme propósito de lograr mi determinación; esto es, tener la valentía, la perseverancia y la paciencia para poner en práctica lo que me fue susurrado al oído durante esos 20 días de un viaje que, además de inolvidable, será un verdadero parteaguas en mi vida y en mi posición ante el mundo. Sin duda un ingrediente fundamental para diseñar la segunda parte de mi vida.

Regreso con una sensación de dicha, plenitud, tranquilidad, y de gran curiosidad por ver si mi determinación por lograr los propósitos que traigo va a resistir los avatares con que la vida en mi realidad me va a recibir, y si éstos serán capaces de despojarme de tantas ilusiones con que regreso hoy a México.

¿Cómo hacer tu propio camino? Es una pregunta que bien vale la pena plantearse.

En mi caso, el medio tiempo inició con un alto en seco en el Camino de Santiago. Sin embargo, cada uno puede hacer una pausa a su modo, a su tiempo y a su estilo. De hecho, el único requisito para enfrentar el inicio de la crisis es hacer una verdadera pausa que nos permita ingresar a las cámaras secretas de nuestro corazón y entrar en contacto directo con nuestro verdadero yo. Con nuestros anhelos, miedos, tesoros y amores más íntimos. En otras palabras, a enfrentarnos con nosotros mismos y con nuestros dragones.

Hay muchas formas de llegar a ese lugar dentro de ti que sólo tú puedes descubrir. Para llegar ahí es necesario hacer un plan de acuerdo con tu personalidad, intereses y circunstancias. Lo más probable es que cuando estés en ese proceso de introspección sigas expuesto a tus compromisos personales, familiares y profesionales, ya que será inusual que puedas abandonarlo todo para dedicarte a esta búsqueda.

Muchas personas con las que he compartido estas experiencias han encontrado su Camino de Santiago en distintos lugares y de distintas formas: en un retiro espiritual, en un viaje tranquilo que les permitió respirar, pensar y tomar nota. Algunos fueron más lejos y tomaron un "tiempo fuera". Cada persona tiene sus circunstancias. Para la mayoría no ha sido uno, sino varios los altos que han hecho para ir encontrando las piezas de su propio rompecabezas. Mientras haces la pausa, el mundo ahí afuera seguirá igual, y durante tu búsqueda, seguirá siendo necesario atender tus responsabilidades cotidianas.

De ahí que uno de los retos en este proceso, sea, precisamente en medio de nuestro mundo de responsabilidades y compromisos, encontrar los espacios que nos permitan dedicarnos a esta búsqueda. Estoy convencido de que en cualquier camino que elijas, la puerta de entrada a este proceso de introspección es el silencio. Sin él, no podremos escuchar esa voz tenue de nuestra conciencia que nos servirá de guía en el camino hacia el fondo de nuestro corazón.

En mi caso, la caminata, la soledad y el silencio conspiraron de forma extraordinaria para rodearme del contexto adecuado para plantearme las preguntas difíciles que no terminaba de resolver. Para mí fue todo un reto meter esas dos semanas de caminata en mi agenda, para abocarme en serio a la interiorización que sabía que necesitaba. De ahí siguieron muchas noches sin sueño, desmañanadas para pensar en silencio y fines de semana de aislamiento para ir dando forma a mi proyecto de vida hacia el segundo tiempo.

Mi búsqueda y mi camino seguramente serán muy distintos de los que tú debes encontrar y diseñar a tu manera. En todo caso, será indispensable que te comprometas en serio y que pongas los medios necesarios para encontrar ese camino interno que será capaz de llevarte hacia la otra orilla de tu propia crisis. Tan única y personal como tú mismo. Te invito a que lo encuentres.

La soledad y el silencio tienen un poder curativo del que medicinas y divanes carecen. El mundo moderno nos llena de ruido, y escapar de éste es un acto de valentía. Cuando todo lo demás desaparece, cuando la prisa se deja de lado, cuando logramos detener el tiempo, cuando la soledad y el silencio toman el protagonismo que les corresponde, quedamos solos ante nosotros mismos y ante Dios.

No es extraño que tantas personas lo eviten a toda costa. El enfrentamiento puede ser sobrecogedor y, en cualquier caso, presenta siempre retos de los que huimos inconscientemente. Después de una vida con miles de juntas, citas, clientes, juicios, contratos, firmas, cierres, transacciones y consejos… el encuentro con uno mismo sigue siendo el más duro; pero también el más enriquecedor.

Tras bambalinas, sin embargo, en su vida personal no logró los mismos éxitos. Si bien era innovador y creativo, también se sabía que era neurótico y adicto al trabajo, con un estilo de liderazgo agresivo y deshumanizante. Su primer matrimonio fallido y una hija a la que se negó a reconocer por años son sólo una parte del desfase entre la vida pública y la privada de Steve Jobs. Aunque a mediados de su cuarta década fue diagnosticado con cáncer de páncreas, uno de los más dolorosos y letales, en lugar de redefinir su enfoque y sus metas, mantuvo su ritmo frenético hasta el último día de su existencia, volcado en sus proyectos y obsesionado con los resultados económicos de sus creaciones. ¿Un genio? No cabe duda. ¿Feliz? Difícil saberlo.

En el otro extremo de la balanza tenemos a Bill Gates, también norteamericano y de la misma edad que Jobs, fundador de la compañía de software más importante del mundo; un chico cuya facilidad para la programación y su chispa en los negocios lo llevaron a fundar Microsoft cuando era apenas un adolescente. Eventualmente llegó a ser el hombre más rico del mundo, posición que ha ocupado intermitentemente durante décadas. De estilo más sosegado y racional, Bill Gates ha llevado adelante negocios más grandes que ninguna otra persona de su era y, sin embargo, su trato se percibe más amable y humano.

Aún más increíble: Bill Gates anunció a sus 53 años, para asombro de muchos, que renunciaría a su puesto como CEO de Microsoft en la cumbre de su carrera, para dedicar su vida a su fundación y otros proyectos de alto impacto social, y sin duda más cercanos a su corazón. Desde entonces, junto con su esposa Melinda, invierte todo su tiempo y esfuerzo en resolver problemas como la malaria en África, el desabasto de agua o el hambre en el mundo.

Al parecer ambos magnates enfrentaron el mismo dilema: el dilema del medio tiempo. Jobs decidió seguir en el primer tiempo, mientras que Gates transitó al segundo cuando aún tenía recursos, fuerzas y espíritu para causar un impacto en el mundo.

3. Cambio de chip

Experimentar a flor de piel la crisis de la mitad de la vida me ha dejado claro que, aunque el tiempo merma nuestras facultades físicas, no ocurre lo mismo con otras facultades más importantes, como la mental y espiritual. Quizá a estas alturas del partido ya no podemos seguir el ritmo a los jóvenes; pero ¿de verdad queremos hacerlo?

Nuestro intelecto y espíritu son sin duda más ricos, más profundos, más habitables que en nuestra juventud. Estas facultades son las herramientas para lanzarnos definitivamente a la búsqueda de la plenitud y la felicidad que no hemos alcanzado en el primer tiempo. De hecho, son cada vez más los estudios que desvinculan la juventud de la felicidad.

La escuela —en sus distintos niveles— y el entorno económico y profesional nos preparan para la primera mitad de la vida y nos ayudan a conjugar la vida en términos de eficacia, velocidad, logros y resultados; pero ignoran la necesidad de prepararnos para la segunda mitad. En el mundo occidental la transición profesional ocurre con una velocidad que no da tiempo para digerirla: un día ser un ejecutivo, empresario o funcionario exitoso, para el día siguiente estar retirado. Sin un proceso de por medio se pasa de la juventud a la tercera edad. No es de extrañar que esa transición resulte deprimente para tantos. Un día eres un CEO encumbrado; al otro juegas golf todos los días, y en poco tiempo, bingo en un asilo. No, gracias.

Este proceso de retiro súbito es desconcertante y doloroso si no existe un proceso previo de introspección que permita rediseñar la vida ante estas nuevas circunstancias. Una persona en posición directiva, a quien todos escuchan y obedecen, el líder de la manada…, desde el día que anuncia su retiro pierde relevancia. Su mundo se tambalea y su seguridad se ve mermada. El resto de la compañía empieza a contar los minutos para que se vaya. Comienza a estorbar, y darse cuenta de ello es un duro golpe para su autoestima, por lo que inconscientemente se propone demostrar su valía y muchas veces se vuelve insoportable. Ayer era indispensable; hoy es apenas desechable. Le ocurre lo mismo que a los presidentes de los países una vez que se elige a su sucesor.

Parte del trabajo en el medio tiempo es planear con mucha anticipación la eventual salida; preparar el terreno en la empresa y en la familia, identificar, capacitar y seleccionar directores y sucesores, así como formar una estructura de sucesión sólida. Esto a la vez que dedicamos más tiempo a perseguir nuestras propias metas personales, sin descuidar las metas trimestrales de la empresa. Sobre todo como en mi caso en que la profesión aún me apasiona y sigue siendo el centro de mi vida activa.

La crisis de la mitad de la vida es una batalla que ocurre en la mente y el corazón. Es una verdadera revolución mental, un cambio de chip. Consiste en dejar de perseguir el éxito como los galgos persiguen al conejo de plástico, y buscar, en cambio, la plenitud y la trascendencia, al modo como los artistas trabajan en su obra maestra. Esa obra es ni más ni menos que tu propia vida, y lo que te juegas en ella es tu trascendencia.

El medio tiempo es la edad ideal para diseñar la mejor versión de ti mismo. La realidad es que con los años hemos adquirido experiencia, recursos, relaciones, visión, sabiduría de vida y otras herramientas que son fundamentales para diseñar

nuestro segundo tiempo a nuestra medida y con nuestras reglas, considerando todos los aspectos de la persona: el espiritual, el intelectual y el físico. Aspectos que siguen vigentes, y que serán muy útiles en los próximos 10, 20 o 30 años de vida activa a los que aún aspiramos.

Seguramente a lo largo de los años hemos adquirido una gran capacidad de gestión que nos permitirá llevar a término cualquier proyecto que emprendamos y en el que decidamos invertir nuestros talentos. De ahí la importancia de que nuestros retos sean nobles, valiosos y apasionantes.

Parecería una contradicción, pero estoy convencido de que el segundo tiempo puede ser más productivo, más apasionante y más pleno que el primer tiempo. Retirarse en este momento sería un desperdicio, cuando nos queda tanto por hacer.

DOS PERSONAJES, DOS RESPUESTAS

Un ejemplo vivo de las diferentes formas de enfrentar la crisis de la mitad de la vida, lo podemos observar en dos de los más reconocidos magnates de las últimas décadas: Steve Jobs y Bill Gates.

Steve Jobs es una leyenda en Silicon Valley y en el mundo entero. No sólo fundó Apple y reinventó la computación; también regresó de un retiro forzado para salvar la misma compañía que lo había hecho a un lado, y lo hizo de forma espectacular: creando aparatos revolucionarios e icónicos como la iMac, el iPod, el iPad, el iTunes y el iPhone. Cambió la forma en que interactuamos con el mundo a través de su estilo único. En sus horas libres se dio tiempo de fundar Pixar, cuyas películas han transformado el mundo del cine, la ciencia y el *storytelling,* y cuyos estrenos habitualmente reciben taquillas por encima de los mil millones. No es exageración decir que el mundo sería muy distinto si Jobs no hubiera existido. Su memoria trasciende su época y su personalidad es admirada y emulada por millones.

Ambos son personajes notables y verdaderamente trascendentes; pero no puedo dejar de pensar que, en un nivel estrictamente humano, la decisión de Bill Gates es valiente e inteligente. Es el perfecto ejemplo del poder del medio tiempo: repensar la vida, reducir la velocidad y encontrar la trascendencia; hacer la transición del éxito a la plenitud.

Al considerar el caso de Bill Gates podríamos caer en la tentación de pensar que el medio tiempo es cosa de ricos. "¡Claro! —me ha dicho más de alguno en las sesiones en las que hablo del medio tiempo—. Si yo tuviera miles de millones, ¡también podría darme el lujo de renunciar a mi trabajo hoy mismo!".

Por una parte, cabe señalar que precisamente a los ricos y poderosos a menudo les cuesta más trabajo desacelerar y bajarse del carro de mando. En muchos casos la ambición y el ego hacen casi imposible abandonar la carrera en medio del éxito. Al mismo tiempo, ignoran con frecuencia la sabia premisa de que "al que mucho se le da, mucho se le pedirá".

Por otra parte, debe quedar claro que el medio tiempo no es un lujo, sino una necesidad humana. No es un asunto de dinero, sino de humanidad, ya que se trata, ni más ni menos, de tomar las riendas del propio destino. De descubrir nuestra misión y redescubrir el sentido de nuestra vida. Eso no es cosa de ricos ni de pobres: ocurre a todas las personas en todas las circunstancias y profesiones. Cada persona, en sus propias circunstancias, podrá encontrar una respuesta satisfactoria en su propio medio tiempo. Sin duda todos estamos convocados a encontrar nuestra misión, la que da sentido a nuestra vida, independientemente del estrato social o económico en que nos encontremos.

Personalmente, he encontrado historias de crisis y victorias del medio tiempo en personas de distintas profesiones y circunstancias. Nunca dejan de sorprenderme la profundidad y la potencia con que la crisis se presenta en cada individuo, y la increíble transformación que se observa en la persona después de la crisis, cuando ésta se enfrenta con la seriedad que requiere.

He utilizado las historias de Gates y Jobs porque se cuentan entre los hombres de negocios más reconocidos de nuestro tiempo; pero no hay que dejarnos engañar. La inmensa mayoría de quienes deciden enfrentar sus segundos tiempos con inteligencia y generosidad son personas comunes y corrientes. Profesionistas, empresarios, empleados, hombres y mujeres de negocios que se han contemplado en el espejo de la crisis y han rediseñado su presente y su futuro para hacer cosas grandes y más cercanas a su corazón.

Las historias de esas personas no recibirán la atención de los medios, ni premios o distinciones. Si el prestigio llega, es bienvenido; pero buscarlo por sí mismo, o ir tras la fama por la fama, es siempre un camino peligroso, traicionero y finalmente deprimente. Las mejores cosas de la vida se hacen en silencio, y los héroes de nuestro tiempo suelen ser personas anónimas que ponen todo lo que son y lo que tienen al servicio de su misión. Cuando me topo con ellos, sus historias me reconfortan. Conozco empresarios que aceptaron el reto de transformar la educación a través de escuelas y universidades sin fines de lucro, que dedican su tiempo y su experiencia a proveer a otros lo que tanto hace falta: formación humana.

Si abres bien los ojos, también tú los podrás encontrar. Los encontrarás en las aulas de las universidades: profesionales exitosos que, sin necesitarlo, dedican un tiempo cada semana a formar jóvenes. No lo hacen por el dinero, ni por la fama, ni porque les sobre el tiempo, sino por una convicción que nace de la generosidad y el desapego. Por la ilusión de cambiar el mundo.

Los encontrarás en las asociaciones, en las parroquias, en los grupos de mejora social: hombres y mujeres que se comprometen con una causa sin esperar nada a cambio. Si te fijas bien, verás en ellos a seres humanos en la plenitud de su segundo tiempo; sin prisa, pero sin pausa, y con la vista puesta en un horizonte valioso.

Es posible que sigan con su trabajo o entorno laboral, pero con una actitud y una filosofía de vida completamente diferentes, enfocadas en la plenitud.

Algunos proyectos del segundo tiempo tienen un carácter más personal, y abren un espacio para cosas que realmente importan: pasar más tiempo con los hijos o los nietos, escribir un libro, aprender a pintar al óleo, reconquistar a la esposa, convertirse en peregrinos. Conozco a varios —seguramente tú también— que se han dado la oportunidad de aprender a tocar un instrumento o retomar la vida bohemia que siempre anhelaron. Incluso puedes toparte con los más aventurados que tocan rock en algún bar y se entregan a su pasión de toda la vida.

Todos pasamos por la crisis, y todos podemos diseñar nuestro segundo tiempo; pero cada crisis y cada segundo tiempo son profundamente únicos y personales. Sólo tú podrás saberlo. Lo que sí te digo es que todos tienen algo en común: un reencuentro con sus pasiones, con sus anhelos y con su verdadero yo. Ejemplos, abundan.

¿Qué hace Alberto, dueño de una constructora, dedicando tres horas diarias a aconsejar jóvenes en temas vocacionales y personales?

¿Por qué Javier, banquero y desarrollador, ha decidido tomar las riendas de una editorial *non-profit* que publica sobre temas de desarrollo personal y religioso?

¿Por qué Francisco, abogado exitoso, dedica dos meses al año a planear un viaje de jóvenes universitarios a Tierra Santa?

¿Por qué Horacio, empresario de golosinas, pasa una tarde completa cada semana buscando donativos para una escuela de bajos recursos?

¿Por qué Roberto, gerente de una empresa inmobiliaria, reúne a 20 de sus amigos cada diciembre para preparar más de mil sándwiches, para una posada de niños huérfanos?

¿Qué hace Yolanda, directora de una maestría, dedicando dos días a la semana a acompañar a personas de la tercera edad?

¿Por qué José Juan, funcionario de un banco extranjero, tiene dos años tratando de reconquistar a su exesposa, de la que se divorció hace ocho?

¿Por qué Raúl, tesorero de un partido político, cada año dedica dos semanas a organizar y protagonizar la pastorela del colegio de sus hijos? ¿Por qué se pone cuernos y cola y brinca y se ríe de sí mismo?

¿Por qué Guillermo, reconocido arquitecto, a sus 50 años formó su propia banda de rock, con la que amenaza eventos y reuniones, y luego dona las ganancias a fundaciones?

Desde la perspectiva del primer tiempo, ninguno de esos ejemplos tiene sentido. Si el tiempo es dinero, ¿por qué desperdiciarlo en proyectos que no dejan ganancias aparentes? Estoy seguro, sin embargo, que tú, como yo, puedes verlo con claridad.

El medio tiempo no significa retirarse ni quedar muerto en vida, sino revitalizar las ilusiones de nuestra juventud para enfrentarlas con las herramientas de la madurez, y con la ilusión renovada. Puede —y debe— ser una etapa incluso más productiva e intensa, pero con otros parámetros, otros indicadores, otra perspectiva, la perspectiva que nunca debimos haber perdido: la de la felicidad.

¿Cuánto es suficiente?

Ya hemos planteado algunas preguntas incómodas. ¿Qué te parece la que da título a este apartado?

Es la típica pregunta que normalmente evadimos y que nos causa escalofríos. Quizá cuando comenzamos nuestra vida profesional o empresarial había un número en nuestra cabeza; pero ese número sigue aumentando con cada nuevo logro. Vamos por la vida persiguiendo una cantidad siempre creciente y con cada vez menos tiempo para disfrutar lo que tenemos. Vivimos presos de nuestro pobre y deformado concepto de éxito, al que en cuanto nos acercamos, huye a mayor distancia, como la zanahoria colgada frente a nosotros; siempre casi a mano, siempre un poco más lejos.

Tener la valentía de fijar un número y de tomar decisiones de vida al lograrlo, decir "es suficiente", es tarea compleja, pero que debemos plantearnos seriamente.

Esta pregunta la he abordado durante años con mis amigos más cercanos. En confianza, reconocen con cierta vergüenza que el número ha ido creciendo de forma exponencial, o simplemente lo han pasado de largo al rebasarlo casi sin darse cuenta. Los pretextos no son del todo ilógicos: la familia creció, las necesidades han cambiado y un largo etcétera que en el fondo apenas logra distraernos de la culpa de reconocer que nuestra ambición es un barril sin fondo, y que no hemos tenido la valentía de cambiar nuestros indicadores personales de "éxito", al menos en lo que a lo económico se refiere.

La portada de la revista *Expansión* de julio de 2006 muestra la imagen de un ejecutivo, de traje y corbata, corriendo dentro de una rueda para hámster. El título es también sugerente: "La carrera sin fin".

Para los ejecutivos, ése parece ser el destino: perseguir un éxito que nunca será suficiente, aun a costa de la salud, la familia, los amigos y la propia persona. La realidad es que muchos hemos vivido así durante años, y el precio que hemos pagado por donde estamos puede haber sido muy costoso o, peor aún, irreversible. Tú mismo, ahora, ¿te has preguntado cuánto te ha costado tu éxito? ¿Te atreves a preguntarte cuánto más estás dispuesto a pagar?

¿Tomas pastillas para dormir o antidepresivos? ¿Has tenido un infarto? ¿A cuántas comidas y cenas familiares has faltado recientemente por tener trabajo urgente o importante? ¿Hace cuánto no disfrutas de tiempo de calidad con tu familia o amigos? ¿No los habrás perdido ya? ¿Qué tan lejos estás de tu propio centro? ¿Qué tan distante estás de Dios? Las respuestas a muchas de esas preguntas también pueden decirte cuánto te ha costado tu éxito. Te lo aseguro: de que has pagado un precio, no hay duda.

Para ti que has trabajado tanto para alcanzar el éxito, sé que no es sencillo cambiar el enfoque —tampoco lo es para mí—. Aquí me vienen a la mente las fenomenales y duras palabras de Joan Manuel Serrat en su canción *Usted*:

A usted que corre tras el éxito,
ejecutivo de película,
hombre agresivo y enérgico
con ambiciones políticas.

A usted que es un hombre práctico
y reside en un piso céntrico,
regando flores de plástico
y pendiente del teléfono.

A usted que sabe de números
y consta en más de una nómina,
que ya es todo un energúmeno
con una posición sólida.

¿No le gustaría
no ir mañana a trabajar
y no pedirle a nadie excusas
para jugar al juego
que mejor juega
y que más le gusta?

¿No le gustaría
ser capaz de renunciar
a todas sus pertenencias,

y ganar la libertad
y el tiempo que pierde
en defenderlas?

¿No le gustaría
dejar de mandar al prójimo,
para exigir
que nadie le mande lo más mínimo?

¿No le gustaría acaso,
vencer la tentación
sucumbiendo de lleno en sus brazos?

Antes que les den el pésame
a sus deudos, entre lágrimas,
por su irreparable pérdida
y lo archiven bajo una lápida,
¿no le gustaría
no ir mañana a trabajar
y no pedirle a nadie excusas,
para jugar al juego
que mejor juega
y que más le gusta?

¿No te gustaría…?

El segundo tiempo no consiste en parar en seco, sino en reducir la velocidad para estar atentos a lo que la vida nos ofrece y seguir buscando la plenitud de otra forma, con otra intensidad, con otro enfoque. No se trata de trabajar más duro, sino de forma más inteligente. De perseguir otras metas —paralelas a las profesionales o empresariales— más ricas, más profundas, que no huyan, y por medio de las cuales podamos dejar huella en el mundo. Se trata, en una palabra, de migrar de la búsqueda del éxito a la búsqueda de la plenitud y la trascendencia.

No se necesita ser Bill Gates ni Steve Jobs para enfrentar la crisis de la mitad de la vida. Como pudimos ver, ellos lo hicieron a su modo. ¿Y de qué otra forma habría de ser? Cada uno lo hace a su manera.

La forma de enfrentar tu crisis es tan individual como tú mismo. De hecho, lo más probable es que no necesites cambiar de trabajo ni de entorno, y que encuentres — como a mí me ocurrió—, en las noches o en los fines de semana, el silencio que requieres. Tal vez sea suficiente poner el despertador media hora antes y meditar un rato antes de que la casa despierte y empiecen las urgencias.

Las conversaciones con amigos o profesionales de confianza, o quizá con algún sacerdote amigo, incluso lecturas sobre el tema, te ayudarán a conocerte mejor y a confirmar tus talentos y pasiones. La ayuda externa es mucho más necesaria de lo que podemos pensar al atravesar por esta crisis. Es necesario tener la valentía de pedir ayuda. En lo personal esta ayuda llegó a través de cursos, retiros espirituales, asesorías profesionales y, sobre todo, conversaciones abiertas y francas con amigos y parientes que me ayudaron a discernir lo que me ocurría.

Quizá tu personalidad requiera menos silencio y se transporte escuchando música o viendo películas inspiradoras que te hagan pensar. Libros, charlas, viajes, paseos, descanso, ¿cuál es tu catalizador? Eso sólo tú lo sabes.

Si eliges la caminata o las peregrinaciones como medio para desentenderte con el entorno y conectarte contigo, vale la pena que las elijas y las planees adecuadamente. Existen muchas páginas web con información valiosa de opciones cercanas y con la duración e intensidad más apropiadas para ti. Es recomendable ir bien preparado para que las dolencias físicas no te pongan en riesgo ni se interpongan en la introspección que buscas.

Es un hecho que para convertirte en ti mismo primero necesitas conocerte y encontrarte. A esto puedes llegar por muchos caminos. Elige el tuyo. Se requiere mucho tiempo y madurez para volver a ser niño.

El cambio de estrategia puede abrirnos los ojos de formas que nunca hubiéramos imaginado. Es entonces y sólo entonces cuando podemos descubrir las otras dimensiones que constituyen nuestra verdadera riqueza, nuestros verdaderos tesoros: la familia, Dios, los amigos, nosotros mismos. El cambio de enfoque también nos permitirá volver a plantearnos las ilusiones de nuestra juventud —se vale soñar de nuevo— y a perseguirlas con el alma renovada, ahora con las herramientas de la madurez y con una perspectiva más amplia, con otros indicadores.

Cada vez veo con más claridad la íntima relación que hay entre nuestros sueños y nuestras pasiones. Y sin pasión, ¡qué aburrido vivir!

Quizá no todos estamos listos para bajarnos de la montaña rusa del primer tiempo. No se trata de forzar a nadie: cada uno conoce su tiempo. Sin embargo, te aseguro que estas ideas te serán útiles cuando llegue tu momento; entonces será más fácil saber que estás entrando en tu medio tiempo.

Te recomiendo que no seas como muchos de los que viven posponiendo la toma de conciencia y siguen, a los 70, pensando que todavía no están listos. Seguro conoces a más de alguno al que el medio tiempo le pasó de noche, hace ya muchos años, o alguien a quien el final del partido lo sorprendió en su primer tiempo. No te extrañe encontrarlo agotado, desilusionado, lleno de reproches hacia la vida, sin reconocer que en el fondo la culpa ha sido suya por no haber sabido detenerse en el medio tiempo y reinventarse para el segundo. Muy probablemente, esa persona no entendió que aquello que lo llevó a donde está no es lo que lo llevará a donde quiere llegar, como dice Marshall Goldsmith en el título de su libro: *What got you here, won't get you there* (Lo que te trajo hasta aquí no te llevará allá).

Puesto que abordo este tema hablando de mi propia historia, puedo generar en el lector la percepción errónea de que la crisis del medio tiempo es selectiva, que sólo les ocurre a algunos, que es cosa de hombres o empresarios, o que se presenta a una edad determinada.

En diversos foros en los que he participado hablando de este tema, la pregunta suele aparecer. Mi respuesta siempre es similar: esta crisis tiene menos que ver con la situación económica o personal de quien la transita, y más con un dilema humano por el que todos pasamos, ya que fundamentalmente se trata de una crisis de identidad. Tan natural como la crisis de transición entre la infancia y la juventud, ésa a la que llamamos adolescencia.

De la misma manera, la de la mitad de la vida es la crisis de la transición de la juventud a la madurez. Por tanto, en muchos sentidos es una crisis necesaria e independiente de la condición económica o social.

También me han preguntado si es sólo para hombres, e igualmente he contestado que me parece que la crisis de la mitad de la vida llega por igual a hombres y mujeres. La diferencia es cómo llega y cómo la enfrenta cada uno.

No obstante, como explica André Daigneault en su gran libro *La crise du milieu de la vie,* los hombres estamos especialmente expuestos a la crisis, ya que vivimos en un mundo de resultados concretos y prácticos y nuestra tendencia natural es la de resolver las cosas por nosotros mismos y controlar nuestro entorno. Un mundo en el que la debilidad es considerada como un defecto imperdonable. Y en esta crisis es fundamental tener la madurez para aceptar nuestra propia debilidad y vulnerabilidad. Sobra decir que a los hombres esto es algo que nos resulta especialmente difícil.

Por lo que se refiere a las mujeres, André Daigneault explica que en su caso la crisis les afecta en especial en el aspecto físico, ya que con el paso de los años se alejan poco a poco del perfil ideal de belleza y juventud que nuestra sociedad asocia errónea-mente con la feminidad. Además, en su habitual realidad, este periodo coincide con el duelo de la maternidad que llega con la menopausia y que trae consigo desequilibrios hormonales im-portantes. Adicionalmente, la partida natural de los hijos para hacer su propia vida (o los duelos y pérdidas que llegan con los años) genera la nostalgia del "nido vacío". Todo esto tiene un impacto en la parte emocional que da a esta crisis en las mujeres una peculiaridad especial.

Para el caso de la cantidad de mujeres que trabajan, en esta etapa pueden enfrentar la inquietud y angustia de preguntarse si eligieron el camino correcto y por lo tanto comparten la misma sensación que los hombres de cuestionarse si tanto esfuerzo pro-fesional ha valido la pena. Se preguntan si el precio que han pagado por sus logros ha sido demasiado elevado. Pueden in-cluso darse cuenta de que en su carrera desaforada por el éxito profesional se han quedado solas.

Sin embargo, las mujeres salen generalmente mejor libra-das de esta crisis por una sencilla razón: tienen la capacidad de aceptar con mayor facilidad la debilidad y vulnerabilidad que a los hombres nos cuesta tanto reconocer.

Otra ventaja de las mujeres ante esta crisis es que en general están mejor preparadas para afrontar la adversidad y son más resistentes al dolor. En este sentido se asemejan a los metales que cuando se someten al calor, más que romperse se flexibilizan para adaptarse a las circunstancias.

Al serles más fácil hablar con las amigas sobre ellas mismas y los problemas que las aquejan, es generalmente más fácil que compartan lo que les ocurre y cómo se sienten. También tienen más facilidad para pedir ayuda cuando la necesitan, mientras que los hombres pensamos que podemos enfrentar esta crisis solos.

Otra gran ventaja que tienen las mujeres es que al tener la capacidad de ser madres —independientemente de que lo elijan o no—, poseen una inclinación innata para desarrollar con mayor facilidad su capacidad de amar. Como vimos anteriormente, esta capacidad es uno de los ingredientes fundamentales de la felicidad y, por tanto, resulta vital para enfrentar la crisis del medio tiempo. Coincido con Daigneault al pensar que, por ello, a las mujeres puede facilitárseles más desprenderse de las capas de egoísmo que todos acumulamos con los años.

Si esta crisis afecta tanto a los hombres como a las mujeres, no es difícil adivinar que también afecta a las parejas. De hecho, se ha visto que tristemente muchas parejas sucumben a esta crisis, y la mala gestión de la misma se ha cargado a muchos matrimonios.

Esto puede deberse a que ni el marido ni la mujer reconocen en su pareja a la persona de la que se enamoraron en la juventud, y no se sienten con la fuerza necesaria para aprender a amar a la "persona nueva" con la que se encuentran. Se han habituado a convivir durante años con un personaje que ha desempeñado un rol concreto dentro del hogar, y hoy se enfrentan a la persona real en que cada uno se ha convertido. El desconcierto que ello produce pone en riesgo la relación.

De ahí que muchos se equivoquen al elegir la puerta falsa de la infidelidad, buscando en otra persona lo que creen no encontrar en casa. Con gran frecuencia, lo que realmente daña la relación no es la crisis de uno de los cónyuges, sino las heridas que se producen por un mal manejo de ésta. Cuando hay errores graves en el manejo de la crisis —infidelidad, adicciones, libertinaje, etcétera— es cuando se daña la comunicación y la confianza y se dificulta el perdón sincero. Y al ser éstos requisitos indispensables para que la pareja salga airosa de la crisis, sin ellos el grado de dificultad de sortearla exitosamente se incrementa. Según Carl Jung, un gran número de divorcios ocurre entre los 10 y 20 años de casados, lo cual coincide en tiempos modernos con la época en que los cónyuges cumplen entre los 40 y 50 años.

El peligro en estos casos es que el cónyuge que enfrenta su crisis se enfoque en buscar sus causas en su pareja más que en sí mismo, que es donde realmente se encuentran. Es común encontrar a muchos que intentan culpar a la pareja por su propia insatisfacción, aburrimiento o su falta de logros. Piensan, ingenuamente, que si se hubieran casado con alguien más serían plenos y felices. Muchos se dan cuenta de esta mentira hasta después de haber roto su matrimonio.

Nadie desea los problemas, pero me atrevería a decir que esta crisis de la pareja es necesaria para acceder a otros niveles de madurez en su amor; y si la crisis se enfrenta adecuadamente, llega una etapa de aceptación de las diferencias con la pareja y sobreviene una reconciliación profunda. Ahí es cuando la vida en pareja puede aspirar a una comprensión de mucha mayor profundidad, con base en un amor más fuerte que ha dejado atrás las imperfecciones individuales, y en el que se acepta y quiere a la pareja como realmente es. De una base sólida como ésta es de donde normalmente surgen los proyectos para el segundo tiempo de las parejas. Proyectos adecuados a las circunstancias y etapa de la vida en que se encuentren, y que se convierten en un factor de unidad que da a la relación una solidez indestructible.

Nada une más a las parejas en esta etapa que un proyecto en común para el segundo tiempo de sus vidas que los lleve a renovar la ilusión de su matrimonio y entregarse a la felicidad de compartir un proyecto de vida.

Conocí el caso de Alejandro y Julieta, un matrimonio en el que ambos siempre trabajaron en sus respectivas profesiones —él como profesor en distintas escuelas y universidades; ella como directiva en un instituto educativo gubernamental—, al tiempo que sacaban adelante su casa y a sus dos hijos, con mucho esfuerzo y mucha unión. Cuando los hijos empezaron a dejar el nido y la situación económica al fin se estabilizó, llegó a su matrimonio la turbulencia natural de esta etapa. Sin embargo, a través de un diálogo abierto y sincero, decidieron emprender un proyecto en común que los ayudara a pasar más tiempo juntos y con la vista en un punto común. Ahora dedican dos tardes cada semana a organizar encuentros, viajes y campamentos, y a acompañar a jóvenes y sus familias a través de sus crisis familiares de distinta índole. También se dan más tiempo para asistir a conciertos, exposiciones y cosas que disfrutaban de novios y que por mucho tiempo dejaron de lado.

¿De qué se trata la vida?

Cuando le preguntaron "¿de qué se trata la vida?" a Søren Kierkegaard, reconocido filósofo danés, dio una respuesta que me parece de lo más acertada: "El tema es entenderme a mí mismo, saber qué quiere Dios de mí, encontrar las razones por las que quiera vivir y esté dispuesto a morir". Me parece una definición muy valiosa en la que —sin saberlo— describe perfectamente en qué consiste el medio tiempo al que me he venido refiriendo.

La respuesta a esta pregunta —me parece— estaría incompleta si no incluye una referencia a la felicidad a la que legítimamente aspiramos. Se trata de aprender a ser feliz en esta vida y poner las bases para ser feliz en la otra; en la vida que no termina, que es eterna. Se dice fácil, pero detengámonos un momento a meditar lo que quiere decir que la otra vida es: PARA SIEMPRE.

Para tratar de entender el concepto de eternidad tal vez sea de utilidad intentar explorar su significado. Según Aristóteles, la eternidad es "un tiempo que perdura para siempre". En sentido filosófico, la eternidad se refiere a un tiempo que no puede ser medido porque trasciende la temporalidad.

No está de más recordar que en el diseño de nuestro segundo tiempo nos jugamos no sólo nuestra felicidad en el aquí y el ahora, sino también en la eternidad, ya que —en términos futbolísticos— el marcador final es el que cuenta, y cuando se termina el partido de la vida termina también el tiempo de merecer.

Tendremos entonces que dar cuentas de lo que hayamos hecho o dejado de hacer, con nuestros talentos y pasiones, y sobre todo si cumplimos o no nuestra misión. También daremos respuesta a la pregunta: "¿Para qué estoy aquí?". Suena duro, pero es la realidad. El estado en que nos encontremos al final de la vida prevalecerá por toda la eternidad. ¿O has visto alguna vez que el marcador final de un partido cambie con el tiempo?

El segundo tiempo puede ser fundamental para que el desenlace del partido de la vida no nos encuentre con las manos vacías y sin nada que ofrecer cuando nos pidan cuentas por los talentos que hemos recibido, las oportunidades y bendiciones que nos fueron dadas y la calidad del amor con que hayamos andado el camino de la vida.

Retomando la definición de Kierkegaard, ese "encontrar las razones por las que quiera vivir y esté dispuesto a morir" está íntimamente ligado a nuestra capacidad de amar. Sin saber amar no habrá razones para vivir y estar dispuesto a morir; por ello, considero fundamental incluir, entre los objetivos centrales del segundo tiempo, el de aprender a amar, aun cuando pensemos que sabemos hacerlo.

¿Que cómo se aprende a amar? Igual que a nadar: amando. Y si eres como la mayoría de las personas triunfadoras que conozco, te aseguro que en ti hay una buena dosis de egoísmo que sin duda te ha sido útil en tu carrera hacia el éxito, pero ha enmohecido tu capacidad de escucha, de empatía, de comprensión y de caridad, que son elementos esenciales para el aprendizaje en el amor.

Si piensas que se trata de un concepto cursi o impropio de una persona de tu nivel, te diré que, si no hacemos lo que hacemos con amor y —mejor aún— por amor, todo queda inconcluso, inacabado. El amor es la levadura de la vida: la dota de otra dimensión; le da peso, forma, valor y volumen.

Pero amar, ¿a quién?, ¿cómo?, ¿cuándo? Ésta es la versión corta de mi opinión: amar a Dios sobre todo y a los demás como a ti mismo. Ni más ni menos.

Por eso no sorprende que haya una enorme cantidad de tratados, libros y frases de filósofos y pensadores de la historia que consideran esencial el amor en la vida —incluyendo, por supuesto, a San Agustín de Hipona con su: "Ama y haz lo que quieras. La medida del amor es amar sin medida"—. Sin amor nos quedaremos cortos en cualquier proyecto que emprendamos en el segundo tiempo.

Por éstas y muchas razones más, me parece que el tema del amor amerita un capítulo de este libro.

4. Aprendiendo a amar

Tras ganar el Campeonato de Wimbledon, Andre Agassi descubrió dolorosamente que el éxito profesional no traía consigo la felicidad o la plenitud. Ése fue apenas el primer momento de una búsqueda que le llevaría años completar. Sabía dónde *no* estaba la felicidad, pero aún no sabía dónde buscarla. Suena familiar, ¿no?

Aun sin un camino claro, siguió haciendo lo suyo y trabajando duro, disfrutando de la vida, la riqueza y la fama, que cada día lo acercaban más a la locura y la soledad, en un mundo que lo idolatraba.

El primer asomo de sentido apareció en un lugar inesperado: un restaurante de Nueva York al que Andre solía acudir con su esposa Brooke Shields. El capitán de meseros que siempre los atendía se había convertido en una presencia constante y una sonrisa habitual. En una de sus conversaciones, el capitán les confió que estaba preocupado por no poder costear la educación de sus hijos. Ante la sorpresa de su esposa, Andre decidió donar a su amigo una cantidad suficiente para cubrir los gastos de educación que le preocupaban tanto.

Andre no sabía entonces lo importante que era la educación para la mayoría de las personas. Después de todo, él había pasado la escuela completamente de noche, ignorando los estudios y concentrado de forma exclusiva en jugar tenis. Por eso se sorprendió al ver la reacción del capitán de meseros. Algo se movió en él y su corazón se conmovió por primera vez. El dinero dado, para él, era poco; pero para su amigo *era el mundo.*

"Recuerda esto. Aférrate a esto. Ésta es la única perfección que existe; la perfección de ayudar a otros. Ésta es la única cosa que podemos hacer que tenga un sentido duradero. Ésta es la razón por la que estamos aquí. Para hacer a otros sentirse seguros", escribió Agassi en sus memorias.

Más tarde decidió tomar ese momento y llevarlo más allá. Andre estaba plenamente inmerso en su medio tiempo, que se convirtió en una gesta para llevar la educación a más personas. Junto con un amigo de la infancia creó la Fundación Andre Agassi para la Educación, e invirtió en ella incontables horas y decenas de millones de dólares para construir escuelas que pudieran dar a miles de jóvenes lo que él no tuvo: una educación humana.

Aunque por sus nuevos proyectos Andre dedicaba menos horas al día a entrenar, su juego mejoró cuando encontró un nuevo sentido a su lucha. Antes jugaba por presión, por inercia o por dinero; ahora lo hacía por amor a los niños. Su renovado corazón lo llevó a alcanzar nuevas alturas: ocho *slams,* un *grand slam,* una medalla de oro olímpica, dos Copas Davis y el campeonato mundial de la Asociación de Tenistas Profesionales (ATP). Aun hoy está considerado entre los mejores 10 tenistas de toda la historia. Se retiró definitivamente a los 36 años, y hasta la fecha continúa con su labor de generosidad y con una actitud diferente ante la vida. Vive un segundo tiempo más pleno y trascendente.

En 2015 la Universidad de Harvard publicó un estudio que demostró experimentalmente que las personas y nuestra relación con ellas —y no el dinero o el éxito— son el elemento principal de la felicidad. Sin embargo, Harvard está lejos de ser la primera institución en proponerlo, aunque ha sido la primera en abordar el tema con tal amplitud. Aristóteles en la Antigüedad, y muchos filósofos y teólogos —pasados y presentes— han afirmado que el amor —es decir, buscar el bien del otro— es la materia prima de la felicidad. A partir del siglo I de nuestra era, el cristianismo llevó esa noción aún más lejos, al sostener que la esencia de Dios es el amor, y que la caridad nos hará felices en esta vida… y también en la otra.

La noción, aunque no es nueva, siempre resulta novedosa. Una y otra vez la cultura del egoísmo, el materialismo y el individualismo nos aleja de esta verdad fundamental. Es por eso que cada persona tiene la tarea de redescubrir esta portentosa realidad por sí misma. La realidad y fuerza del amor en sus vidas.

Hombres como Warren Buffet, que dedicaron su vida entera a generar riqueza por la riqueza, encuentran en la mitad de su vida que el dinero carece de sentido en sí mismo. Hacia el final de su vida, Buffet ha entregado miles de millones de dólares a la caridad, y ha prometido donar 90% de su fortuna a causas altruistas.

El mismo Buffett, uno de los símbolos capitalistas por excelencia, nos deja una enseñanza valiosa cuando habla de la educación de sus hijos, y de la relación de éstos con el dinero. A pesar de que su fortuna se calcula en 70 mil millones de dólares, ha decidido dejar como herencia a cada uno de sus descendientes "sólo" 10 millones. Buffett confía en haber educado a sus hijos como para que con esa "pequeña" cantidad (mayor a la que recibe 99.9% de la población mundial) construyan su propia fortuna. Buffett afirma que el dinero trae consigo un poder; pero quien no ha trabajado por el dinero no tiene la capacidad de manejar ese poder. Para Buffett, está claro, el dinero es un medio que ha de conocerse y controlarse. De otra forma, es el dinero quien termina controlando a quien lo posee.

Buffett dice que heredar a los hijos una fortuna que ellos no han generado con su esfuerzo y dedicación (lo mismo sucede a aquellos que se ganan la lotería o salen premiados en una rifa) es un error: esperar que quien no ha trabajado por el dinero tenga la capacidad de ejercer el poder y control sobre éste sería tanto como esperar que los hijos de quienes ganaron una medalla de oro en las últimas olimpiadas se conviertan a su vez en medallistas olímpicos sólo porque sus padres lo fueron.

¿Así o más clara la importancia de hacer a los hijos autosuficientes? Curiosamente, exigirles es una forma concreta de amarlos, de buscar su bien.

Además de su genio financiero, Buffett se ha hecho famoso por su manera discreta de vivir, alejada de los lujos y gastos estereotípicos de los multimillonarios. El dinero —dice Warren— se gana, se ahorra, se invierte, se gasta y se regala.

No basta donar dinero o apoyar causas de manera impersonal: hay que involucrarse, primero, con las personas que tenemos más cerca, y compartir con ellas mucho más que capital. Hay que aprender a quererlas, a buscar su bien, a que nos importen de verdad sus cosas y, de ser necesario, poner sus intereses antes que los nuestros. Aprender a amar. Ésa es la fuerza que mueve al mundo.

Las relaciones interpersonales íntimas son las que elevan al hombre a nuevas alturas. Y me refiero a aquellas en las que se debe arrimar el alma; relaciones cercanas, personales y sinceras: ya sea el amor fiel de dos esposos que se aman a pesar de sus defectos, el amor incondicional de un padre o una madre hacia sus hijos, o la amistad verdadera entre dos personas que, queriéndose, se hacen crecer mutuamente.

¿Cuántos amigos verdaderos tienes? Y, sobre todo, ¿qué tan buen amigo eres? La respuesta correcta no es un número exacto. Tener "muchos" amigos no es el objetivo, sino tener tantos como nuestro corazón lo permita. El doctor Aquilino Polaino escribe en su libro *Fundamentos de psicología de la personalidad* que: "Una persona vale lo que valen sus amores". Son estos amores la única moneda de cambio que tendremos al momento de rendir cuentas al final del camino.

Durante nuestra vida, al ir en busca del éxito —dice Dave Ramsey, famoso gurú financiero—, "compramos cosas que no necesitamos, con dinero que no tenemos, para impresionar a personas a quienes no les interesamos". Esa frase, que ha sido repetida en películas y libros, resume nuestra lucha constante al perseguir una imagen de éxito que no es más que un espejismo costoso. Y digo "costoso" no sólo en el sentido económico. Por supuesto, llevar una vida con apariencia de éxito cuesta dinero. Pero pagamos un costo mucho más oneroso, a veces sin darnos cuenta; me refiero, desde luego, a nuestras relaciones interpersonales.

Es necesario detenernos a evaluar si uno de los precios que hemos pagado por el éxito ha sido acabar con nuestras relaciones más cercanas. ¡Háblame de un mal negocio! Sacrificar las relaciones personales al haberles robado el tiempo y la atención que requieren con el fin de dedicarlos al trabajo o los negocios es algo que nos pasará factura en algún momento. Créeme, la factura siempre llega.

Algunas relaciones se debilitan tanto que, cuando nos damos cuenta, ya es demasiado tarde para recuperarlas. Las hemos perdido para siempre. Hemos pagado un altísimo precio por unas cuantas monedas de plata.

Jack Welch, el legendario CEO de General Electric, describe en su autobiografía —titulada *Jack*— cómo desde joven supo perseguir la riqueza y escalar con maestría el escalafón corporativo: primero fue gerente, luego director de zona y de región, después director nacional de división y, finalmente, director ejecutivo. Desde esa posición llevó a la compañía a nuevas alturas, cimentándola como una de las empresas más valiosas, dinámicas y modernas del planeta, y convirtiéndose a sí mismo en multimillonario en el proceso. En el libro, su historia está narrada como una novela de inteligencia y éxito. Jack fue llamado "el ejecutivo del siglo" por la revista *Fortune*.

Nadie pone aquí en duda sus excelentes habilidades ejecutivas. Sin embargo, en la frenética búsqueda de nuevos negocios, entre fusiones y ventas, cotizaciones en la bolsa y política corporativa, su vida personal fue siempre dolorosa. En su autobiografía, Welch menciona su primer divorcio casi de pasada, como si no fuera gran cosa. Dejó a su primera esposa Carolyn y a sus cuatro hijos cuando su carrera empezó a exigirle total dedicación. En el libro, la anécdota principal tiene que ver con el dinero que Jack "perdió" en el divorcio: 180 millones de dólares. Después de eso vino un segundo —también fallido— matrimonio, con Jane, y años después se casó por tercera vez, con Suzy. Los matrimonios aparecen como elementos secundarios —cuando no estorbos— en la meteórica carrera de Welch.

Aunque su legado es impresionante en términos de *management,* Jack nunca destacó en dos áreas esenciales para su felicidad: las relaciones personales y la filantropía.

Si bien la vida de Jack Welch supone un caso extremo, no es difícil reconocer en él algunos elementos comunes en gran cantidad de ejecutivos, empresarios y directivos actuales. Desde los años ochenta y hasta nuestros días, la adicción al trabajo —*workaholism*— se ha posicionado como uno de los grandes males de nuestros días. En países desarrollados como Estados Unidos, Alemania o Japón se ha convertido en un problema de salud pública, a tal grado que desde 1983 existen en todo el mundo grupos de Workahólicos Anónimos que ayudan a la gente a recuperar la vida que han perdido entre juntas y viajes de trabajo.

Como el mismo alcoholismo, el workaholismo es una adicción que puede ser silenciosa y, al principio, tomar la apariencia de una virtud o hábito bueno: la laboriosidad. Pero como en otras adicciones, mientras menos está consciente el adicto de su problema, más lastimadas resultan las personas que lo quieren, su familia y sus amigos. Muchas veces estamos conscientes de que "quizá" seamos un poco *workaholics*, y sabemos que estamos descuidando a la familia, pero nos tranquilizamos pensando que es temporal; que eventualmente recuperaremos ese tiempo perdido.

Pues bien, el medio tiempo es el momento preciso para poner un alto, para reconocer que, cuando la familia nos reclama nuestra falta de atención, no es tan genuina la respuesta de "lo hago por ustedes..." En realidad sabemos que en muchos casos lo hacemos por nosotros mismos, por nuestro ego, por nuestra ambición desmedida o por alimentar nuestra autoestima demostrándonos a nosotros y a los demás nuestra habilidad en los negocios.

Todos conocemos ejemplos de personas que, por volcarse en los negocios o en el trabajo, han descuidado a tal punto su familia y amigos que hoy gozan de los sanos frutos económicos de su trabajo, pero en el aspecto personal son unos solitarios. Y si cuando los años se nos vengan encima caemos en cuenta de que vamos solos por la vida, confirmaremos que hicimos un mal negocio. No he escuchado a nadie en su lecho de muerte que lamente no haber trabajado más. Tal vez habremos acumulado muchos bienes, pero no tendremos nadie con quien compartirlos. Tal vez seamos unos extraños en casa y nuestro cónyuge viva ya una vida paralela en la que no estamos contemplados. O nos podemos convertir en cajeros automáticos, que "educan" y "quieren" a base de escupir billetes: papás por *whatsapp*.

Ni qué decir de los casos en que esos "exitosos" empresarios o profesionistas han estado tan distantes de sus hijos que éstos hacen su vida al margen de ellos, además de que crecieron añorando un padre cercano, abierto, amigo, pues el suyo estuvo tan ocupado con sus negocios que nunca tuvo tiempo para ellos. A esos exitosos y brillantes hombres de negocios no les queda otra que intentar sustituir su presencia con regalos, clubes, viajes y tarjetas de crédito ilimitadas.

No habrá que sorprenderse si las *platinum cards* o las *blacks* no son capaces de suplir la compañía y el consejo del padre —siempre ocupado y ausente—, o si los hijos resultan un desastre. Un desastre que se pudo haber evitado poniendo límites oportunos o estando más cerca de ellos.

Cada vez conocemos más casos de hijos que, al no haber recibido en su niñez la cuota afectiva que necesitaban de sus padres, enfrentan complejos problemas emocionales y psicológicos, así como serios conflictos de identidad y baja autoestima. Según los expertos, muchos de esos problemas pudieron haberse evitado de haber contado con padres cercanos, presentes y cariñosos. Aparentemente, la American Express no soluciona "todos" los problemas, como promete su publicidad.

No sólo la familia; también los amigos empiezan a distanciarse cuando notan que vivimos para trabajar, en vez de trabajar para vivir. Aristóteles decía que no se puede ser feliz sin amigos. Éstos son un ingrediente fundamental en la vida. Son los parientes que sí se eligen. Los verdaderos amigos (habrá que revisar el concepto de amistad que tenemos) son aquellos que nos quieren y aceptan como somos, con quienes no tenemos que fingir; nos dicen nuestras verdades y nos exigen ser mejores personas; nos hacen saber cuando no tenemos razón, y están a nuestro lado en las épocas duras y en las maduras; podemos contar con ellos a ciegas. Y después de la familia, no dudaríamos en encargarles a nuestros hijos si nos vamos primero.

Tal vez aquí cabe una pregunta válida: ¿tienes amigos como ésos? O, todavía más importante: ¿sabes tú ser un amigo como el que describo?

Si tienes el privilegio de contar con amigos como éstos (los demás son más bien compañeros, colegas, conocidos, etcétera) y los has descuidado por el trabajo, me parece que estás haciendo otro mal negocio. Y tu vida es tu negocio más importante. Lo digo así, en términos económicos, en *business language*: estás cuidando los centavos y descuidando los pesos, cambiando las acciones valiosas por la caja chica, la inversión a largo plazo por la utilidad inmediata. Y por tanto, perdona que no me la crea cuando me dices que eres un buen hombre de negocios. Sabes mucho de dinero, pero sabes poco de valor. Recuerda: la convivencia hace la querencia, y el que no pierde el tiempo con sus amigos, pierde a sus amigos con el tiempo.

Ahora estás a tiempo de reflexionar y corregir el rumbo. Tu medio tiempo puede ser la oportunidad para que las cosas que importan tomen el lugar central en tu vida. Depende sólo de ti.

AMAR LO QUE HACEMOS

Aunque corro el riesgo de sonar un tanto cursi, el amor con que hagamos las cosas determina en buena medida la calidad de éstas, y sobre todo la satisfacción y la plenitud que nuestra actividad nos aporta.

Creo que todos podemos hacer la prueba. Cuando hacemos algo que amamos, el tiempo transcurre diferente, parece detenerse, nos conectamos con una intensidad especial con lo que hacemos y nos desconectamos de todo lo demás.

Cuando hacemos lo que amamos, ponemos especial cariño, especial cuidado, le dedicamos el tiempo necesario y buscamos dar lo mejor. Con el tiempo, ganamos experiencia y maestría, generando un círculo virtuoso que nos permite hacerlo aún mejor y amarlo más. La Madre Teresa lo explica, como siempre, en pocas pero profundas palabras: "No es cuántas cosas hacemos, o qué tan grandes son, sino el amor que ponemos en ellas lo que constituye la medida de su valor. Si sólo sabes pelar papas, entonces pélalas hermosamente. Pelar papas se convertirá en tu acto de amor, que al unirlo con el del Creador se transforma en infinito".

Si el amor es buscar el bien del otro, es necesario cuidar que no disfracemos de amor lo que no es, y de ahí la importancia de mantener la rectitud de intención y no engañarnos disfrazando de amor otras intenciones. Como el ejemplo del padre a quien la familia le reclama su falta de atención, y éste responde "lo hago por ustedes". ¿Cuántas veces hemos dicho que actuamos por amor cuando lo hacemos por nosotros mismos? Es una mentira que, a fuerza de repetirla, acabamos por creer. Paradójicamente, "hacer el amor" puede ser un acto eminentemente egoísta.

Es tiempo, una vez más, de mirarnos al espejo y vernos como realmente somos; poner en la balanza la rectitud de intención de lo que hacemos. Es tiempo de entregarnos más, sin máscaras ni ataduras, a aquello en lo que creemos, y sobre todo a aquello —y aquellos— a quienes amamos.

¿Es necesario saber amar?

Una de las ideas centrales del curso del Halftime Institute es la de encontrar *your one thing*, esa única cosa que ocupa tu corazón y a la que estás dispuesto a dedicar toda la vida. En mi caso, después de vivir a flor de piel este proceso del medio tiempo, me di cuenta de que ese *one thing* para mí es aprender a amar. Amar más y mejor. Abordar en este libro un concepto tan profundo y tan etéreo —y a la vez tan trillado y sobre todo tan deformado— como el amor no es tarea sencilla, pero al ser —según los expertos— un elemento central en la búsqueda de la felicidad, me parece que se justifica intentarlo.

Numerosos autores de gran renombre han abordado el tema desde muchos ángulos. Seguramente habrás leído ya muchas opiniones al respecto, por lo que me parece podemos empezar por intentar tener claro qué es el amor y cómo se aprende a amar. Me centraré en el concepto de amor que los clásicos calificaban como de amistad o de benevolencia, ése que todos quisiéramos establecer en nuestra familia y amigos y que quisiéramos que prevaleciera entre los hombres. Para tratar de simplificar el concepto, me quedo con la definición de Aristóteles, una de las más breves y claras: "Amar es querer el bien del otro". El filósofo de Atenas estableció un parámetro sencillo que se aplica a distintas relaciones, ya sean familiares, amistosas o de benevolencia: querer el bien de la otra persona, aun por encima de nuestro propio bien. ¿Quién de nosotros no estaría dispuesto a cambiar el sufrimiento de un hijo por el de uno mismo?

Me parece que el concepto de amor que tengamos es fundamental para este proceso, ya que como dice José Ortega y Gasset: "En lo que conceptualmente opinamos sobre el amor, se revela el perfil de nuestros amores".

Si le preguntáramos a San Pablo, nos daría algunas características del amor que aunque suenen idealistas y distantes, pudieran servir de referencia: "El amor es paciente, servicial y no tiene envidia, no hace alarde, no busca su propio interés, no se irrita y goza con la verdad. Todo lo disculpa, todo lo cree, todo lo espera y todo lo soporta".

Durante más de 50 años, la Madre Teresa de Calcuta atendió a los más pobres entre los pobres, enfermos, ancianos y parias de la sociedad. Es decir, supo amar a aquellos a quienes nadie más amaba, dándoles todo sin esperar nada, sin limitación de condición, raza o creencia. En 1979 recibió el Premio Nobel de la Paz y fue declarada santa por el papa Juan Pablo II. Supo amar más allá de sus propias limitaciones económicas, físicas y materiales. "Dar hasta que duela. Y, cuando duela, dar todavía más" fue su canto de guerra; una guerra que la llevó a servir a miles. Alguna vez un famoso que visitó —con sus cámaras y periodistas— uno de sus hospitales, al ver cómo limpiaba a un hombre llagado y leproso, le dijo: "Madre, yo no haría eso ni por un millón de dólares". Ella, con sencillez, contestó: "Yo tampoco".

En una entrevista, la santa de los pobres aseguró que existen cosas aún peores que la pobreza material: "La pobreza material siempre se puede satisfacer con lo material. Los despreciados, los no amados, los descuidados, los olvidados, los solos; ésta es una pobreza mucho más grande. La agonía de la soledad es la pobreza más grande hoy en día, sobre todo en los países ricos".

Asimismo, en su libro *El amor más grande,* la Madre Teresa habla del amor en relación con la felicidad. Dice que es evidente que "las personas que aman son las más felices del mundo". Al respecto, Julián Marías, en su obra *La felicidad humana,* explica: "La apetencia de ser amado es esencial a la felicidad ya que, cuando alguien nos ama, nuestra vida se dilata, se abre literalmente a la posibilidad de ser feliz".

Con el fin de acercar aún más el concepto del amor a nuestras circunstancias, quiero hablar de John Nash, Premio Nobel de Economía en 1994. Nash era un genio con esquizofrenia avanzada, al grado de que veía cosas y personas que no existían. Estuvo sujeto a complicados tratamientos médicos, y en varias ocasiones los doctores le recomendaron a su esposa que se alejara de él. A pesar de ello, la esposa nunca se separó de él por completo. La razón que explicaría más tarde la esposa es que seguía a su lado simple y sencillamente porque lo amaba.

La historia de John Nash inspiró la película *Una mente brillante,* que obtuvo varios premios Oscar. En ella, el actor que interpreta a Nash, Russell Crowe, pronuncia un potente discurso al aceptar el Premio Nobel:

Siempre he creído en los números, y las ecuaciones y la lógica que llevan a la razón. Pero tras una vida buscando estas verdades, me pregunto: ¿qué es realmente la lógica?, ¿quién decide lo que es razón?

Mi viaje me ha llevado a través de la física, la metafísica, la alucinación, y de vuelta. Y ahora he hecho el descubrimiento más importante de mi carrera, el más importante de mi vida: es sólo en las misteriosas ecuaciones del amor donde cualquier lógica o razón se puede hallar.

Estoy aquí esta noche sólo por ti [a su esposa Alicia]. Tú eres la razón por la que soy. Tú eres todas mis razones.

Gracias.

Al analizar la película podríamos preguntarnos cuál fue la mayor fortuna de Nash: ¿tener una mente privilegiada y una serie de talentos indiscutibles que lo llevaron a hacer grandes aportaciones a la ciencia y a desarrollar teorías que a la fecha se utilizan en campos que van mucho más allá de lo científico, o haber tenido a su lado a una mujer que lo amaba de verdad?

Para contestar esta pregunta podríamos jugar con ambas teorías. ¿Qué hubiera sido de su vida si no hubiera tenido esa genialidad? No lo sabremos nunca. Pero lo que sí es fácil imaginar es que sin el amor de su mujer hubiera acabado sus días en un manicomio, solo y deprimido.

No es por nada que Sheryl Sandberg, directora de operaciones en Facebook Inc., alguna vez dijo: "La decisión más importante en tu carrera es con quién te casas". Tener a tu lado a la mujer o al hombre correcto es la mitad de tu éxito. La otra mitad es, por supuesto, ser tú el hombre o mujer correcta para tu cónyuge.

Después de conocer estas historias y de haber leído a un buen número de autores que explican la profundidad y la importancia del amor en la vida y su intrínseca relación con la felicidad (un buen ejemplo de ese binomio es la exhortación apostólica del papa Francisco titulada *Amoris Laetitia* o *Alegría del amor*), vale la pena voltear a nuestro alrededor y constatar las muestras de amor de las que sin duda hemos sido testigos.

He tenido el privilegio de presenciar muestras de amor muy cercanas en mi familia, como el que mi abuela (mi queridísima Aby) tenía por mi abuelo, y ni qué decir del de mi madre por mi padre. Pude ser testigo de cómo ambas dejaron la piel en el cuidado y las atenciones a sus maridos cuando la enfermedad marcaba el final de la vida de éstos. También tuve la oportunidad de compartir con mi madre el profundo dolor del desprendimiento físico, cuando ella hubo de aceptar que mi padre ya no estaría con nosotros.

Nunca podré olvidar las palabras de mi madre en la misa de cuerpo presente de mi padre, cuando, partida por el dolor, agradeció las muestras de cariño y solidaridad recibidas y recitó una poesía de la que sólo recuerdo unos versos que me taladraron el alma y que decían: "Él está medio vivo… y yo estoy medio muerta".

Éstos y muchos otros ejemplos de amor incondicional, que estoy seguro muchos hemos presenciado, me hacen pensar que no es un desacierto el intentar que aprender a amar sea un objetivo central de la vida en el segundo tiempo. Que no será fácil no me queda ninguna duda, pero si las cosas que valen la pena fueran fáciles, cualquiera las haría. Repito las preguntas, amar: ¿a quién, cómo, cuándo, dónde?

Mi respuesta se quedaría corta si no empezara por referirme al amor más grande que hemos recibido como personas. Un amor cuya dimensión, profundidad y alcance rebasan nuestra comprensión: el amor del creador por su creatura, que se presenta como un misterio insondable. ¿Cómo es posible que dentro de nuestra pequeñez e insignificancia ante la magnitud de Dios, creador de todo cuanto existe, seamos destinatarios de su amor?

Si nos sabemos y nos reconocemos como criaturas, en algún momento de la vida debemos considerar nuestra relación con el Creador, y el medio tiempo puede ser el momento propicio para hacerlo.

Respecto al origen de la creación, lo comenta Tomás Melendo en su libro *Ocho lecciones sobre el amor humano*: "La lógica que domina la dinámica de la creación no está compuesta por argumentos racionales, sino por lo que Pascal denominaba las 'razones del corazón'. En otras palabras: la explicación de la existencia de todos y cada uno de los habitantes de nuestro cosmos es una sola: el amor".

Ante esta insondable e infinita profundidad del amor del Creador por su creatura, me parece que lo mínimo que podemos hacer es intentar corresponderlo, aunque nunca terminemos de entenderlo, aunque se trate de una respuesta limitada e imperfecta, propia de nuestra condición humana.

¿Cómo corresponderlo? La respuesta es fácil, pero llevarla a la práctica no lo es tanto: amando a Dios por sobre todas las cosas, con todas nuestras fuerzas, con nuestras limitaciones, defectos e imperfecciones. Si el amor es un acto de la voluntad, me parece que la línea de acción está clara: poner toda la fuerza de nuestra voluntad (aunque sabemos que muchas veces flaquea) en intentar amar con nuestro pequeño y egoísta corazón de carne y sangre.

Me parece que está claro que no será fácil lograrlo y hacerlo vida, y que enfrentaremos muchos, muchísimos obstáculos en tan noble propósito: nuestro egoísmo natural, nuestro amor propio muchas veces desmedido, el apego de nuestro corazón a las cosas de la tierra, a nuestros vicios, y muchas, muchas otras cosas que tendremos que poner en segundo lugar si queremos que nuestra búsqueda del amor divino sea genuina y recta en intención.

Podemos huir de esta realidad tanto como queramos, pero la verdad trascendente nos alcanza: estamos en este mundo, antes que nada, para amar a Dios y, por Él, a los demás. Para aprender a amar.

Esto presenta una paradoja a nuestra propia búsqueda, pues sabemos que quien busca su propia felicidad no la encuentra; sólo el que abandona su propio bien para buscar el de los demás es capaz de hallar, como consecuencia, el suyo propio.

Un buen ejemplo lo vivimos en los negocios. Aquellos que se afanan por ganar dinero como fin último no siempre lo logran. Las utilidades llegan normalmente por tomar buenas decisiones que se alinean con los objetivos de la empresa y la satisfacción de los clientes.

Vivimos rodeados de personas, miles de millones de ellas. Aunque el amor genérico por la humanidad es encomiable, no encuentra otra forma de realizarse que en el amor por aquellos a quienes tenemos más cerca: el prójimo, el próximo; por eso es tan útil ponerles cara y nombre a los destinatarios de nuestro amor. Empezando por los más cercanos.

Ya habíamos hablado de las relaciones íntimas de la familia y los amigos, a quienes en cierta medida es más fácil amar. Pero en cuanto empezamos a crecer el círculo, empieza a entrar la familia ampliada y los conocidos. Entran también los compañeros de trabajo, los proveedores y los clientes. Luego los vecinos y de ahí tantas y tantas personas con que la vida nos ha permitido coincidir. También ellos, como destinatarios de nuestro amor, pueden ser la materia prima de nuestra felicidad, ya que serán en quienes nos ejercitemos en el amor y quienes al final del día nos enseñarán a amar.

Muchas veces hemos leído que el amor es la sal de la tierra, y que sin amor la vida es insípida. Tratando de profundizar en el tema, me parece que sin amor, la indiferencia y la frialdad se posicionan en muchas vidas que viven al margen de los demás y se aíslan en un distanciamiento que las hace pasar de todo y de todos.

Pero ¿cómo se ama o cómo se aprende a amar?

Nuestra guía de inicio se halla en la misma definición de amor: buscar el bien de los demás, aun cuando esto tenga que llevarnos a ponerlos antes que el nuestro. ¿Pero de verdad podemos andar por la vida buscando el bien de los otros y anteponiendo sus intereses a los nuestros? ¿No es esto impráctico y poco realista? ¿En una sociedad en la que prevalece el fuerte sobre el débil, en la que el pez grande se come al chico?

Quizá lo entendemos viniendo de una santa como la Madre Teresa cuando curaba a los leprosos, o cuando el papa Juan Pablo II (hoy santo) fue a visitar en la cárcel a Ali Agca, el mismo hombre que atentó contra su vida en la Plaza de San Pedro en 1981. Pareciera que eso es cosa de santos, de Papas y monjas, pero nosotros, en nuestro entorno y en nuestras circunstancias, ¿podemos aspirar de verdad a aprender a amar?

En un mundo en el que si te distraes un instante te quitan al cliente, te tumban la comisión, te clonan la tarjeta, te roban el coche o te dan una puñalada por la espalda; un mundo en el que lo importante son los intereses personales; un mundo lleno de verdades a medias, en el que los hechos se acomodan a la habilidad de quien los presenta, en el que la corrupción tiene carcomido nuestro tejido social; un mundo, en fin, en el que prevalece el individualismo, ¿estamos convocados a amar? ¿No será una cosa muy rara y un concepto arcaico, impráctico e inaplicable en nuestra vida? ¿No estará reservado para los grandes santos, los ascetas, los iluminados?

Es precisamente en este mundo descompuesto donde nuestro amor no sólo es posible, sino necesario, urgente y valioso. En un mundo en el que nadie ama, amar es la tarea más importante a nuestro alcance. Y, curiosamente, en esa tarea en la que aparentemente nos volcamos en los demás, es en la que podremos encontrar la propia plenitud y felicidad que buscamos.

Estoy convencido de que ésa debe ser nuestra aspiración, y que vale la pena empezar poco a poco con esta revolución silenciosa del amor que, me parece, es la única capaz de cimbrar los cimientos de nuestra civilización para promover ese mundo mejor con el que todos soñamos.

Si ya decía, parafraseando a Facundo Cabral, que "en aprender a vivir se nos va toda la vida". Pienso que el aprendizaje en el amor seguirá ocurriendo también en la otra. ¿Que cómo empezar? Cada uno podrá percibirlo a su alrededor, de acuerdo a su personalidad y circunstancias. No se trata de hacer nada raro o extraordinario, ni de ir por la vida repartiendo abrazos a extraños, pero se puede empezar teniendo detalles de cariño y atención con los demás, interesándonos de verdad en sus cosas, ayudando sin esperar nada cuando nos necesiten, estando cerca de los nuestros cuando la pasen mal, dándoles un buen consejo o simplemente escuchando atentamente y con cariño sus problemas. Siendo lo que somos, pero con amor: un buen esposo, padre, hijo, hermano o amigo. Estoy seguro de que tú mismo podrás añadir un largo etcétera a estos breves y sencillos ejemplos.

El tema es empezar por oponernos a nuestra tendencia natural hacia el egoísmo, ante ese ponernos a nosotros mismos siempre en primer lugar y pretender que los demás giren a nuestro alrededor. ¿Que no somos acaso don fulano, o el jefe, o el presidente o *chairman* o don chipocludo o don lo que sea? ¿No nos estaremos confundiendo al pensar que en la vida el ocupar cargos importantes o tener frondosas cuentas bancarias nos da derecho a usar a los demás y a servirnos de ellos? ¿No será que estamos tan mareados por el éxito que percibimos que los demás no valen igual que nosotros? ¿O que en cierta medida su deber es servirnos por ser nuestros empleados o subordinados? Éstos, me parece, pueden ser buenos ejemplos de lo que no es el amor, porque por principio de cuentas no estaríamos valorando a las personas por lo que realmente son, sino por lo que nos representan. Estaríamos cayendo inconscientemente en la falacia de nuestra sociedad de la que tanto nos quejamos: es más quien más tiene; se mide el resultado y no a la persona. Por eso el concepto de éxito esta tan deformado, al ponerle siempre un signo de pesos en la frente a las personas para definir si merecen o no nuestra atención.

En nuestro querido México vivimos vergonzosas diferencias económicas y sociales en los distintos estratos de nuestra sociedad. Al acudir a las periferias de nuestras ciudades y darnos cuenta de que muchos mexicanos carecen de lo más indispensable y que viven en condiciones paupérrimas, deberíamos sentirnos comprometidos a sumarnos a los muchos esfuerzos que hay para mejorar las condiciones de vida de los más desprotegidos.

No hacen falta grandes teorías teológicas o económicas. Siempre estamos en condición de ayudar a alguien. Siempre hay alguien que necesita y merece nuestra atención y entrega. Me parece que ésta sería una muestra de amor por los demás y una forma de responsabilizarnos por los enormes problemas sociales que aquejan a México. Hoy más que nunca se requieren mexicanos que de verdad quieran a su país y que demuestren su amor con acciones concretas que engrandezcan nuestra ya de por sí gran nación.

Muchas personas de buena voluntad me han preguntado qué pueden hacer para lograr un mundo mejor. Se sienten impotentes para generar un cambio positivo en su entorno; erróneamente piensan que, si no son políticos, empresarios o líderes de grandes organizaciones, nada pueden hacer por los demás ni por su país.

En mi respuesta a esta pregunta, en muchas ocasiones ha estado presente una recomendación de revisar la Doctrina Social de la Iglesia y su impacto en la economía y en la propia empresa. Éste ha sido un buen punto de partida y una referencia confiable.

Creo que todos tenemos algo que aportar y que los cambios de fondo en las comunidades y los países provienen de un compromiso real de la ciudadanía con proyectos sociales.

Todos vivimos en comunidad y desempeñamos distintos roles como ciudadanos. Formamos parte de colonias, barrios o condominios, que normalmente se organizan en asociaciones —de vecinos, de colonos, de condóminos, etcétera—. El participar o liderar alguna de estas asociaciones de vecinos es una forma muy concreta de ayudar a construir una mejor comunidad. Alguien tiene que hacerlo. ¿Por qué no te involucras para empezar a transformar tu entorno más cercano, en el que viven tu familia y tus vecinos?

Otra manera muy concreta de involucrarse en la solución de problemáticas reales es sumarse a iniciativas como Vecinos Alerta, en la que los vecinos se coordinan entre ellos para reportar riesgos o sospechosos en su colonia como una eficiente herramienta de prevención del delito.

La mayoría tenemos hijos que van a la escuela, y esa escuela normalmente tiene un consejo de padres de familia. Una gran forma de ayudar es participando en ese consejo para asegurarse de que en la escuela de tus hijos hay buenos maestros y bien pagados, que el plan de estudios es consistente con los valores que enseñas a tu hijo en casa y que se mantiene en la escuela un ambiente sano y libre de adicciones (incluyendo la extendida adicción a los celulares, iPads y redes sociales).

Muchos de nosotros pertenecemos a una parroquia. Ahí es otra fuente de ayuda a la comunidad en la que siempre se necesitan personas de buena voluntad que apoyen al párroco a sacar adelante los proyectos de tu Iglesia.

Existen también una gran cantidad de asociaciones civiles y organismos no gubernamentales que llevan a cabo una gran diversidad de proyectos sociales: desde brindar apoyo a niños en situación de calle o a discapacitados, ayudar a enfrentar adicciones, proteger animales, preservar el equilibrio ecológico, orientar matrimonios y familias, y un largo etcétera que seguramente encontrarás al hacer una búsqueda seria de organizaciones que se dediquen a un tema que a ti en lo particular te interese.

La gran mayoría de estas organizaciones necesitan ayuda y apoyo, a veces económico. También requieren manos de voluntarios para sacar adelante sus proyectos. A veces dar tiempo es tanto o más valioso que donar dinero.

Colonia, escuela, parroquia y asociaciones no son proyectos de grandes millonarios, políticos o filántropos. Son tarea de personas normales, llenas de ocupaciones y preocupaciones, que hacen un pequeño esfuerzo para incidir positivamente en su entorno.

Hay países en los que la cultura del altruismo y la donación está más desarrollada que en nuestro querido México. En los países más desarrollados, el promedio de asociaciones civiles o fundaciones en que se involucra el ciudadano medio a lo largo de su vida es entre ocho y 10. Tristemente, en países como el tiempo y de recursos a apoyar fundaciones y movimientos con el único objetivo de mejorar a su querido México. Éste es un llamado que todos debemos compartir.

Lamentablemente no tuve oportunidad de comentar personalmente con él este proyecto ya que, cuando intenté contactarlo, su salud ya estaba deteriorada, al punto que a las pocas semanas de haberlo buscado terminó su fructífero y ejemplar caminar por esta tierra.

Hay muchos otros ejemplos de los que yo llamo "héroes anónimos", que han entendido que, más allá de ganar dinero, sus talentos también están bien invertidos en sacar adelante proyectos sociales, fundaciones, asociaciones civiles que cambian vidas, pero que no son noticia o prefieren no serlo, por lo que no escuchamos de ellos en los medios.

Esos ejemplos nos muestran que hace falta la ilusión de la juventud y la experiencia de la madurez para poder transformar. El medio tiempo es el momento en donde estas cosas se conjuntan. Es el momento de ir por la grande.

En distintas conversaciones con amigos y conocidos sobre este tipo de inquietudes, hemos coincidido en que siempre hay un buen pretexto para no involucrarse en los proyectos sociales que México requiere: falta de tiempo, no saber en qué programa involucrarse, intereses personales y un largo etcétera que lleva a pensar que siempre hay alguien más a quien le corresponde comprometerse, mientras nosotros nos instalamos en la cómoda postura de criticar y quejarnos.

Esas quejas con frecuencia se dirigen hacia el gobierno o la clase política del país, y me parece que, salvo por algunas honrosas excepciones, no les falta razón.

Si bien todos hemos sido testigos de cómo la clase política —no sólo de nuestro país, sino de muchos otros— se concentran en su capital político y sus intereses personales, partidistas y de poder —repito, con sus honrosas excepciones—, siempre

nuestro sigue siendo muy escasa la participación en proyectos filantrópicos. Sin embargo, cada vez hay más organismos privados involucrados en proyectos de alto impacto social. Dependiendo de cuál sea tu interés y cuáles sean las iniciativas que te llamen, te invito a identificar y comprometerte con alguna de ellas. La satisfacción de participar en esos organismos de manera desinteresada normalmente abona a la sensación de plenitud que todos buscamos. Elige tus batallas inteligentemente y, por lo tanto, escoge la trinchera desde la que tú personalmente quieras dar la lucha por un mundo mejor. Siempre he pensado que la principal riqueza de nuestro país es su gente, sus familias y sus valores. Nos han colgado una etiqueta de tercer mundo, según parámetros materiales, pero somos de primer mundo en parámetros humanos, lo que nos mantiene entre los países más felices del orbe. Esto no implica que dejemos de luchar por mejorar las condiciones de vida de todos los mexicanos; pero hemos de empezar por no permitir que unos pocos malos mexicanos nos definan como nación. Somos mucho más que eso.

Opino que una cruzada para liberar el potencial de los buenos mexicanos sería una forma extraordinaria de reconectar con los principios que nos definen y nos hacen ser lo que somos, y en ese caso sin duda cambiaríamos a México y lo convertiríamos en lo que muchos soñamos. Una nación próspera, trabajadora, honesta y en la que su tejido social refleje la salud de las familias que la integran.

Pero para eso —estoy seguro de que también lo has pensado— se necesitan líderes de verdad; líderes honestos y congruentes que inspiren, dirijan y patrocinen la gran cantidad de iniciativas que persiguen fines nobles; líderes que se comprometan en serio y sean un ejemplo de vida.

¿Dónde están esos líderes? Estoy convencido de que saldrán de entre quienes transitamos por la crisis de la mitad de la vida, aquellos que nos encontramos en este momento crucial de transición. Una persona en el medio tiempo tiene aún —si sabe buscarla — la energía de la juventud y los recursos de la madurez. No se puede estar en mejor forma o circunstancia para incidir en el entorno y, ¿por qué no?, transformar el mundo.

Durante los últimos años —en los cuales he experimentado en carne propia la crisis del medio tiempo y he difundido ese concepto en distintos foros, artículos, entrevistas y conversaciones entrañables— he tenido el privilegio de constatar la fuerza del concepto del medio tiempo y la potencia de su efecto transformador, y de conocer muchos ejemplos vivos de personas que han decidido transformar su visión de la vida en esta etapa crucial.

No es difícil encontrar ejemplos de *half timers* que, tras lograr el éxito y obtener experiencia, deciden redirigir su propia vida hacia objetivos más trascendentes. Un caso relevante es el de Claudio X. González Guajardo, quien ha emprendido desde hace años una potente campaña para transformar a México a través de la educación (Mexicanos Primero) y de la lucha contra la corrupción (Mexicanos Contra la Corrupción). Tengo el privilegio de conocerlo y de participar en algunos consejos con él. Hemos tenido conversaciones a fondo respecto a estos dos frentes que ha elegido para cambiar a México, y coincido plenamente en que la Educación de calidad y la transparencia son dos ejes fundamentales sobre los que gira la transformación del país y la liberación del gran potencial de tanta gente buena que lo compone. Claudio se ha comprometido en serio con esos dos temas tan esenciales. Ha puesto en la línea su nombre, su prestigio, su seguridad y sus propios recursos para hacer una diferencia y eso me parece ejemplar.

Otro *half timer* notable es mi amigo José Medina Mora, quien, con una empresa nacional a cuestas, ha decidido dedicar tiempo, esfuerzo y recursos a distintas batallas en favor de México, incluida la política empresarial desde su posición de presidente de Coparmex Jalisco (hoy vicepresidente nacional). Pepe es un gran visionario que inspira y arma equipos de jóvenes que comparten

su visión y empuje. Estoy seguro de que seguirá sir patria por muchos años más, como un icono de cor cial. Lo veo en el futuro ejerciendo su liderazgo mo en iniciativas, proyectos y organismos de gran relevan sociedad y para el país.

Lorena Ochoa, a quien tengo el gusto de cono hace años, empezó a jugar golf desde muy temprana e cierta frecuencia nos topábamos en el campo cuando y por supuesto antes de convertirse en golfista profes talento, su pasión y su constancia la llevaron a converti mejor golfista del mundo, y a mantenerse ahí por muc ses, en medio de una carrera altamente competitiva. C sólo 29 años, decidió retirarse del golf profesional, jus cúspide de su carrera, y hoy es miembro del Salón de l del Golf. La decisión sorprendió a propios y extraños. retiro del golf, Lorena decidió casarse y formar su pro milia. Ahora Lorena se dedica, además de ser madre, a a e impulsar su fundación, que ayuda a miles de niños mar dos a encontrar una mejor oportunidad de avanzar en la Tuve la oportunidad de participar en su consejo y consta impacto positivo en las vidas de muchas familias que se acercado al proyecto educativo que patrocina la fundació Lorena.

Como expliqué antes, el medio tiempo es distinto para c persona. A mí me llegó a los 50 años. A Lorena le llegó a los A Nico Rosberg a los 31. A Bill Gates a los 53. Pero la pregu más importante es: ¿cuándo te va a llegar a ti?

En 2017, falleció uno de los más grandes empresarios q ha tenido México: don Lorenzo Servitje, fundador del Grup Bimbo, quien transitó de ayudante en la pastelería de su padr al vendedor de pan más grande del mundo. A lo largo de su carrera se destacó por su visión y habilidad directiva, pero so bre todo por su gran calidad humana y filosofía de vida. En la segunda parte de su carrera dedicó una increíble cantidad de

he pensado que la postura sensata y coherente de los ciudadanos ante ello debe ser involucrarse mucho más en los problemas sociales y exigir seriamente al gobierno —con acciones legales si se requiere— y a la clase política que rindan cuentas, cumplan con ciertos indicadores y entreguen resultados, pero también brindarles apoyo con visión y experiencia empresarial, poniendo el proyecto del país por encima de otros intereses. Sostengo que juntos somos más fuertes, y la realidad es que la clase política necesita al empresariado tanto como éste necesita a los políticos. En última instancia está claro que para sacar adelante al país se requiere unidad. Por eso no creo en los líderes que promueven la descalificación, la división o el encono.

Así pues, me parece que debemos empezar por adoptar un papel más comprometido con el país y exigir a todo aquel que ostente un cargo público la debida rendición de cuentas, así como castigar con el peso de la ley indistintamente a los políticos, a los ciudadanos o a los empresarios que la quebranten. También considero fundamental remendar el tejido social mediante la reconstrucción de su célula básica: la familia. En ese esfuerzo podría mencionar a numerosas personas y líderes que han hecho suyo el objetivo de solidificar esa estructura fundamental de la sociedad y que han entendido que el tejido social es tan saludable como lo son las familias que lo componemos.

Hay muchos caminos para alcanzar esos fines y muchas trincheras desde donde pelear las batallas que elijamos para incidir positivamente en nuestro entorno: la política, la academia, el ámbito profesional y empresarial, la sociedad civil, etcétera. Pero todos, absolutamente todos esos caminos requieren tener una conciencia social clara y suscribir un compromiso serio con las causas nobles que elijamos. Las personas tienen distintas fortalezas y misiones; escoge las tuyas, pero no dejes que pase tu medio tiempo sin plantearte seriamente cómo vas a trabajar para dejar este mundo mejor que como lo encontraste.

5. Éxito *vs.* felicidad

ESO QUE LLAMAMOS ÉXITO

Como ya lo hemos visto, la concepción del éxito desde una perspectiva meramente económica no sólo es inexacta y limitativa, sino también muy engañosa. Para determinar con mayor precisión la relación entre dinero y felicidad, algunos ejemplos pueden ser de utilidad.

Es interesante analizar el índice de felicidad que presenta <www.happyplanetindex.com>. En él se muestran los niveles de felicidad que manifiestan los habitantes de distintos países. Este índice toma en consideración la percepción de felicidad personal y distintos factores como salud, dinero y tiempo libre, entre otros.

Algunos de los países menos felices del planeta parecieran explicar por su situación los bajos índices que presentan, pues se encuentran entre los más miserables en términos de riqueza o PIB. Uganda, Costa de Marfil o Turkmenistán ocupan algunos de los últimos lugares de la lista.

Si siguiéramos esta lógica lineal (en donde más riqueza equivale a más felicidad), entonces deberíamos encontrar a los países más ricos del mundo en los primeros lugares. La realidad, sin embargo, es distinta.

En el índice de felicidad ocupan los tres primeros lugares, respectivamente, Costa Rica, México y Colombia. En cambio, la mayoría de los países considerados ricos o de primer mundo —Canadá, Reino Unido y buena parte de Europa— se sitúa en los lugares intermedios. Las naciones más infelices son aquellas que viven situaciones graves de extrema pobreza, guerra o violaciones a los derechos humanos, como ocurre en las zonas más desoladas de África o en ciertos estados de Oriente Próximo, como Siria. Mención especial merece Estados Unidos, que ocupa el lugar número 100 entre 140 países y se cuenta entre los que tienen un bajo índice de felicidad. ¿Cómo es esto posible, siendo que se percibe como un país de ensueño, a donde millones van a buscar el *American Dream*?

En su libro *Fuera de serie,* Malcolm Gladwell explora las causas que llevan al éxito y la felicidad valiéndose del método científico y las estadísticas. Algunas de sus conclusiones son reveladoras.

Basándose en progresiones estadísticas, Gladwell argumenta que la seguridad económica es parte importante de la felicidad de las personas…, hasta cierto punto. En un entorno en el que los bienes cubren las necesidades básicas, el dinero sí puede resultar en mayor felicidad. Una persona con casa suele considerarse más feliz que una persona que vive en la calle, y una mujer que puede alimentar a sus hijos es más feliz que aquella que no tiene dinero para darles de comer.

La relación dinero-felicidad comienza a decrecer conforme nos acercamos al punto en el que las necesidades básicas están por completo satisfechas. Si nuestra primera casa nos aporta, digamos, 50 puntos de felicidad, la segunda nos dará 30; la tercera y la cuarta casas nos otorgarán apenas unos puntos más. Quien tiene 10 casas no encuentra en ellas 10 veces más felicidad que aquel que tiene una.

Es decir, aunque una persona con un refrigerador lleno sí suele ser más feliz que aquella que no lo tiene, no significa que quien tiene 10 refrigeradores llenos sea 10 veces más feliz. La felicidad no funciona así.

Las cosas en sí mismas no dan felicidad; es la seguridad de nuestras necesidades orgánicas cubiertas —casa, comida, ropa, sustento y diversión— lo que en un primer nivel nos proporciona el bienestar y la tranquilidad que percibimos y a veces llamamos felicidad, aunque en sentido más propio deberíamos considerarla como dicha o como el bienestar propio de un animal sano.

Un ser humano requiere más que las necesidades básicas cubiertas para ser feliz. Una vez satisfechas esas necesidades mínimas, las cosas materiales dejan de tener un impacto relevante en la felicidad, o lo tienen en mucho menor grado.

En 2015, la Universidad de Harvard reveló los resultados de un extenso estudio de más de 65 años sobre el tema de la felicidad. Entrevistaron a miles de personas en todos los continentes a lo largo de décadas, y dieron seguimiento a los sujetos entrevistados para resolver la pregunta que ha ocupado la imaginación del hombre por siglos: ¿qué es lo que nos hace felices?

La respuesta del estudio no deja lugar a dudas. En el artículo de *Forbes* escrito por George Bradt sobre el estudio de Harvard, se concluye que la felicidad depende de tres factores:

- *Relaciones que enriquezcan.* Mantener relaciones cercanas saludables y contribuir con la sociedad.
- *Hacer lo que haces bien.* Dedicar más tiempo a lo que haces bien y te apasiona, y menos a lo que no.
- *Cuidarse.* Cuidar tu salud física y mantener tu tranquilidad financiera… y divertirte.

En resumen, el estudio afirma que "la felicidad viene de elegir estar feliz con lo que haces, fortalecer tus relaciones cercanas y cuidar de ti en sentido físico, financiero y emocional". En mi opinión y atendiendo a una concepción más profunda de la persona humana, a esta conclusión le falta lo que Kierkegaard aporta en su definición anterior: tener algo por lo que valga la pena vivir y morir, o sea, un sentido trascendente de la vida, satisfacer también las necesidades intelectuales y espirituales inherentes a la persona humana. Sin embargo, el estudio da en el clavo al anteponer valores humanos como las relaciones y la salud emocional a valores sociales como el dinero y el éxito.

El estudio de la Universidad de Harvard propone estándares de felicidad que contradicen directamente el ideal de éxito promovido por la sociedad de consumo en la que vivimos. El dinero sí es parte de la felicidad, pero sólo en la medida en la que abona a la tranquilidad financiera y las necesidades básicas. Más allá de eso, son las relaciones personales, la generosidad y dedicarnos a lo que amamos lo que nos lleva hacia una vida más plena y más dichosa. Esto permite tener un punto de partida que, de entrada, rompe con los estereotipos del éxito como los conocemos, y abre la puerta a otros factores que definen la felicidad.

El concepto del medio tiempo es fundamental en la búsqueda de la felicidad porque el ritmo de vida frenético al que nos sometemos en el primer tiempo nos impide conectar con lo verdaderamente importante. ¿Cómo podemos trabajar más de 10 horas diarias, atender exigencias sociales, tener una agenda rebosante de compromisos y a la vez invertir tiempo de calidad en nuestras relaciones personales, contribuir a la sociedad y dedicarnos a lo que nos apasiona, además de cuidar la salud y divertirnos, como sugiere el estudio de Harvard? Sin hacer una pausa para redefinir nuestro estilo de vida… es absolutamente imposible.

LLENOS DE VACÍO

Independientemente de las circunstancias externas, el ser humano es capaz de encontrar felicidad en los ambientes más difíciles y en las circunstancias más adversas si encuentra el sentido de su vida.

El psiquiatra judío Viktor Frankl, en su extraordinario libro *El hombre en busca de sentido,* relata su historia personal como prisionero en los campos de concentración nazis. La obra, un clásico en el mundo entero, es un agudo análisis de la psicología de las víctimas y los victimarios en su búsqueda de felicidad. Pone al descubierto una de las grandes mentiras del mundo moderno: que las circunstancias determinan nuestra felicidad, y que el éxito material da sentido a la existencia.

Si el dinero, en efecto, encerrara el sentido de la vida, de allí se seguiría lógicamente que la falta de riqueza sería la falla vital por excelencia. Sin dinero no habría razón para vivir. El mismo Viktor Frankl da cuenta de esta aparente contradicción cuando, viviendo en la más absoluta miseria y sufriendo todas las vejaciones corporales posibles; en medio del dolor y la inmundicia, supo encontrar —y testificar cómo otros también encontraron— un sentido totalmente nuevo y distinto de su existencia.

Este gran psiquiatra vienés describe cómo, a los pacientes que parecían desesperados, hastiados y cansados de la vida, solía preguntar con el rostro serio: "Tienes razón, el mundo es horrible. ¿Por qué no te suicidas y ponemos fin a esto?".

Las personas respondían entonces alguna cosa, como "es que tengo familia" o "mis hijos me necesitan", o mencionaban algún proyecto que les interesara especialmente. A partir de esta razón primaria podía Frankl empezar a construir su sistema —llamado logoterapia— de búsqueda de sentido en sus vidas.

Nosotros también podemos hacernos esta pregunta, y lo podemos hacer ahora mismo. ¿Para qué estamos aquí? ¿Qué es lo que nos hace levantarnos a diario y hacer lo que hacemos? ¿Qué nos mueve? ¿Cuál es tu *one thing?* Lo que te define como persona y te apasiona. Aquello por lo que estás dispuesto a vivir o morir.

Cuando esas preguntas no tienen una respuesta clara, nos sentimos perdidos, llenos de vacío.

Basta con acercarnos a las personas que nos rodean, pasar de la conversación superficial a temas profundos, y sincerarnos respecto a las cosas que nos preocupan, para darnos cuenta de que muchos no tienen claro el sentido de su vida. Algunos ni siquiera se han planteado para qué están aquí, cuál es su misión.

Es en estas circunstancias donde entra en juego el medio tiempo, donde se justifica hacer un alto en el camino: cuando, a pesar de tener tu vida llena de actividades, proyectos y responsabilidades, sientes que algo te falta, percibes una especie de vacío en tu interior.

Al preguntarle a alguien para qué hace lo que hace, para qué se levanta todas las mañanas, o simplemente cuál es su razón de vivir, resulta difícil obtener una respuesta segura, y sobre todo una vida coherente que refleje que esa persona camina firmemente hacia un fin, que tiene un proyecto de vida.

Resulta irónico que en la actualidad, cuando el hombre ha logrado impresionantes avances en la ciencia, la medicina y la comunicación, el vacío existencial sea un fenómeno tan extendido.

Se cuenta que el mismo Frankl, en una clase en Viena, durante la ocupación nazi, dijo ante un grupo de alumnos embelesados: "Lo que realmente mueve a la persona es la búsqueda del sentido de la vida. Porque el hombre se siente frustrado o vacío cuando no encuentra una tarea que realizar, o alguien a quien amar, incluso alguien por quien sufrir".

El hombre actual parece no ser consciente de la importancia que le supone encontrar el sentido de su vida. Parece no entender que su felicidad depende en gran medida de ese descubrimiento, que le dará distinto peso y volumen a su existencia al dotarla de una dimensión más rica, interesante y plena.

En su libro *El agradecimiento,* Miguel Ángel Martí García explica: "Cuando sabemos adónde vamos, y tenemos claro cuál es nuestra meta y objetivo último, el cansancio de vivir se tolera mejor, incluso pasa, hasta cierto punto, desapercibido".

Una razón importante a la que se atribuye el problema de la falta de sentido es que el hombre se conoce cada vez menos, ya que al quedarse a solas no tiene nada que decirse. Se aburre y pasa su tiempo volcado hacia el exterior. Es cada vez más un extraño ante sí mismo. Según Heidegger: "Las ciencias nos procuran un saber cada día más acrecentado, pero tenemos cada vez menos claridad sobre el sentido de la existencia. Ninguna época ha acumulado sobre el hombre conocimientos tan numerosos y tan diversos como la nuestra, pero también ninguna época ha sabido menos lo que es el hombre".

Sin conocernos ni tener un plan de vida que nos oriente, vivimos a la deriva, posponiendo la toma de conciencia, entregándonos sin proponérnoslo al vaivén de las circunstancias, como un barco sin rumbo.

Parece que vivimos en un estado de somnolencia, de aturdimiento. En ese estado da lo mismo hacer que no hacer, decidir que no hacerlo, ya que inconscientemente hemos cedido el control y empeñado nuestro destino al azar. Dejamos de conducir nuestra vida y pasamos a ser conducidos por ella. Con tal desinterés, nuestra alma no vibra ni se ilusiona por nada, todo le es indiferente. Ésta es la sensación que describe Agassi en su biografía, cuando se veía empujado de un partido a otro, de un torneo al siguiente, impulsado por su carrera, por sus entrenadores, por el dinero y porque —él mismo lo dice— no sabía hacer otra cosa. La desesperanza se apoderó pronto de su corazón y el aburrimiento hizo casa en él. Se encontraba perdido.

Nuestra sociedad, inclinada hacia el activismo (en el que todo se mide en función de sus resultados), la producción (según la cual la medida del éxito es la productividad) y el consumismo (en el que solamente se valora lo que se posee), nos empuja a vivir a una velocidad tal que avanzamos sin mirarnos, pendientes sólo de los parámetros económicos con que se nos califica, obsesionados con satisfacer expectativas cada vez más exigentes del entorno y rendir cuentas en números negros.

Con ese ritmo vital, no es difícil comprender que tengamos poco tiempo e interés para dedicarnos a la tarea de conocernos, sin la cual nos resultará imposible descubrir la misión que da sentido a nuestra existencia. "Me olvidé de vivir", dice una canción memorable interpretada por varios autores al referirse a este fenómeno de la velocidad a la que vamos por la vida y a la que parecemos adictos.

Empujados a una búsqueda desaforada (y sin sentido) de dinero, placer, entretenimiento y comodidad, podríamos concluir que a esa vida plena y lograda a la que aspiramos se llega por esos medios. El estudio de Harvard y Viktor Frankl ya nos dejaron claro que ésa es una visión equivocada.

Ése es precisamente uno de los objetivos centrales de este libro: animarte a explorar tu persona y descubrir aquello que tu intimidad y la voz de tu conciencia tienen que decirte respecto al sentido de tu vida.

Tal vez por eso vivimos volcados hacia fuera, inmersos en hacer y tener (más que en pensar y ser), con la ilusión de saciar de esa forma nuestra hambre de plenitud. Junto al desengaño y la desilusión que llegan después de cada logro, cada peldaño, cada compra, generalmente se apodera de nuestro ánimo una especie de sombra con sabor a frustración. Una sensación de haber corrido en la dirección equivocada.

La gran cantidad de información y comodidades, y sobre todo el activismo desenfrenado en que vivimos (y del que cada vez es más difícil sustraerse), parecen habernos robado los espacios de quietud y sosiego tan necesarios para plantearnos las cuestiones fundamentales que nos ayuden a conocernos, descubrir quiénes somos y cuál es nuestra razón de vivir.

Si nos pasa que en los momentos en que la soledad y el silencio nos permiten escuchar nuestra voz interior, ésta nos dice que falta algo, que estamos incompletos, que hay un hueco que nos impide vivir con plenitud, es probable que se trate de un llamado a la introspección para cuestionarnos si el camino que andamos es el nuestro, un llamado a entrar en el medio tiempo.

Si tenemos el privilegio de sentir esa inquietud, no estaremos tranquilos hasta identificar el rumbo de nuestra existencia y nuestra misión personal, y para encontrar esas respuestas es necesario saber dónde buscar.

Esa búsqueda ocurre en nuestro mundo interior; ese mundo tan nuestro al que sólo accedemos a través del silencio y la introspección, y en el que podemos escuchar lo mucho que tenemos que decirnos. En ese mundo tan ignorado y opacado por el activismo en el que estamos inmersos se manifiesta la voz interior de nuestra conciencia, la cual nos permite conocernos pero desafortunadamente no habla tan fuerte como la televisión, el celular o el iPad, y sólo podemos escucharla al ponerle atención, al rodearnos de las circunstancias idóneas.

Hay que entender que nuestra búsqueda interior de sentido (como todo lo que vale la pena) no es fácil ni arroja resultados a corto plazo. Se trata más bien de un proceso de autodescubrimiento que requiere objetividad, madurez y paciencia. Este proceso supone una lucha interior contra la cantidad de distracciones de las que vivimos rodeados. Siempre habrá un asunto urgente que reclame nuestra atención y distraiga la mirada de las cosas importantes.

Para quienes han decidido aventurarse en la búsqueda de su propio camino, en el descubrimiento de su misión, tengan la certeza de que plantearse las cuestiones fundamentales de la vida es no sólo posible, sino una aventura en la que vale la pena comprometer nuestra existencia.

Para aquellos otros que viven distraídos y matando el tiempo en búsquedas pasajeras y superficiales, será difícil que algún día encuentren una respuesta a ese ¿para qué? con que nos interpela la aventura apasionante de vivir.

En mi opinión, un elemento central para identificar a quienes viven su proyecto de vida, es la congruencia. Por eso siempre he dudado de quienes no viven como piensan, ya que normalmente terminan pensando como viven. La unidad de vida es esencial. Es a Gandhi a quien suelen citar como ejemplo de congruencia cuando dicen: "Nuestros pensamientos se convierten en palabras; nuestras palabras, en acciones; nuestras acciones, en hábitos; nuestros hábitos, en carácter. Finalmente, nuestro carácter se convierte en nuestro destino".

El tiempo —como juez inexorable— pone siempre todo y a todos en su lugar. En el curso de nuestra historia personal seguramente nos habremos topado con personas que nos encandilaron en los primeros encuentros, pero nuestra admiración por ellas se desvaneció en la medida en que sus ideales se envilecieron, o al ver que no fueron fieles a su forma de pensar o a la misión con que nos cautivaron. No vivían como pensaban. En la raíz de su proyecto de vida no se encontraba el amor, sino el egoísmo.

LAS DIMENSIONES DEL ÉXITO

He hablado largamente de lo que el éxito no es. Pero es imposible definir algo sólo atendiendo a aquello que no es. Por tanto, hemos de buscar una definición positiva y concreta del éxito. Tenemos que aclarar el mapa antes de emprender cualquier viaje.

El estudio de Harvard al que antes me referí proporciona algunas pistas valiosas al plantear claves estadísticamente probadas de la felicidad terrenal: relaciones humanas, generosidad y bienestar corporal.

Considero estos tres elementos correctos, pero aún incompletos para dibujar un proyecto más amplio y más trascendental de nuestra existencia.

Según el Diccionario de la Real Academia la palabra <éxito> viene del latín *exĭtus,* que significa "salida" y es "el resultado feliz de un negocio, actuación o proyecto". ¿No será este proyecto nuestra propia vida?

El éxito, por tanto, hace clara alusión a la salida o el final de un proyecto. La palabra es sinónimo de resultado; no es un estado ni un proceso. Así, podemos decir que un equipo de futbol es exitoso cuando logra la victoria, porque la victoria es el resultado deseado.

"Jugaron bonito", "le echaron ganas", "lo intentaron" son nociones laterales y pueden resultar útiles y valiosas, pero no son indicativas de éxito. El éxito se mide en función de lo que se desea y lo que se obtiene.

Para diferentes sujetos, un mismo resultado puede tener distintas lecturas según las expectativas y las circunstancias. Es correcto decir que, para la selección de México, *llegar* a semifinales en un mundial de futbol sería un gran éxito, mientras que para la selección de Alemania *quedarse* en semifinales representaría un fracaso.

En el entorno humano tenemos que afirmar, por tanto, que el éxito tiene medida diferente para cada ser humano. No todos pueden —ni deben— ser exitosos en todos los campos. Esto sería imposible. Cada ser humano tiene diferentes cartas en la mesa; diferentes pasiones, talentos, entorno y circunstancias. De ahí que el plan para el segundo tiempo sea estrictamente personal y único para cada individuo; tan individual como su propia misión.

Si cada persona es única e irrepetible —tanto como su propia misión—, en mi opinión el éxito de una persona debería medirse en función de la manera en que su vida y su misión se identifiquen. A mayor semejanza de vida y misión, más exitoso es un individuo.

El éxito en la vida de una persona tiene seis dimensiones distintas, que nombro aquí sin orden jerárquico:

1. Profesional o empresarial:
   Conocimientos

Experiencia
Prestigio
2. Familiar:
Relaciones interpersonales sanas
Cuota afectiva (amar y ser amado)
Proyecto familiar
3. Social:
Amigos
Relaciones sociales
Compromiso social
4. Económica:
Autosuficiencia
Ahorro
Patrimonio
5. Espiritual:
Cercanía con Dios
Paz interior
Práctica de la fe
6. Personal:
Salud general
Autoestima
Congruencia de vida

Estas seis dimensiones constituyen la plataforma del éxito. Si alguna de ellas se derrumba o debilita, la plataforma se desestabiliza y se pone en riesgo un atributo fundamental del éxito en nuestra vida: el equilibrio.

Podemos concebir estas seis dimensiones como las columnas de una casa. Si la mayoría de las columnas es fuerte pero una es temporalmente débil, entonces con la fuerza de aquéllas la casa se mantiene en pie. Por ejemplo, si la dimensión corporal está comprometida por una enfermedad grave, las demás dimensiones nos permitirán mantener el balance. Saldremos adelante. Si pasamos por un momento económico difícil, pero nuestra familia, amigos, espiritualidad y cuerpo están sanos, muy probablemente podremos salir pronto del bache. Nuestras columnas fuertes son nuestra propia red de apoyo.

Me parece claro que lo que nos define como personas no es el tener o no tener problemas (ya entendimos que éstos son parte de la vida), sino la forma como los abordamos y los resolvemos.

Si dos de las seis columnas enfrentan problemas, las cuatro restantes aún pueden sostener la casa y sacarnos de la crisis. No hay forma de que una sola columna —la económica, por ejemplo— sostenga toda la casa. Alguna vez escuché decir: "Ese hombre es tan pobre que lo único que tiene es dinero".

En los ejemplos que conocemos de millonarios que decidieron salir por la puerta falsa y se suicidaron, es fácil pensar que la pérdida económica fue la causa de la desesperanza. Pero investigando un poco más a fondo, nos daremos cuenta de que muchas veces otras de sus columnas no estaban suficientemente fuertes. Un hombre que va a la quiebra puede salir adelante si tiene una familia que lo apoye, amigos que lo aconsejen, una buena salud y una relación sana con Dios que le permita entender la dimensión sobrenatural de lo que sucede.

Pero si toda nuestra vida está soportada en una columna, basta una cuarteadura para que todo se venga abajo. Y las cuarteaduras, queramos o no, siempre llegan.

Esta regla encuentra su propia excepción en la columna espiritual, la columna central que se alimenta de una fuerza infinita, más allá de nosotros. Esta sola columna puede sostener la casa el tiempo necesario para la reconstrucción. Viktor Frankl es un buen ejemplo de esto.

Todos —absolutamente todos— hemos pasado por momentos difíciles, en donde una o varias de las columnas parecen debilitarse. Quizá hemos atravesado por problemas familiares, descrédito social, enfermedad, quiebra o falta de fe. Quizá algunos han visto su vida destruida casi por completo. Pero la vida siempre nos permite levantarnos. En muchas ocasiones, la casa que ha caído y se reconstruye lo hace con más fuerza, lista para recibir las embestidas que el destino le tenga preparadas.

En caso de que decidas hacer una pausa de medio tiempo, no habrá mejor momento para preguntarte a ti mismo: ¿cómo están mis columnas?

Seguramente verás algunas más fuertes que otras. Quizá hayan aparecido pequeñas cuarteaduras en casi todas. Tal vez una esté debilitada por años de descuido, mientras otra esté pesada por exceso. La clave arquitectónica para construir una casa duradera y transcendente es el equilibro, y lo mismo vale para nuestra vida.

El medio tiempo es el momento propicio para hacer ajustes vitales —tan profundos o tan dolorosos como sea necesario— con el fin de recuperar el equilibrio, el balance, y encontrar el sentido de la vida invirtiendo nuestros talentos en nuevas metas, aquellas que hemos planteado para nuestro segundo tiempo y que fortalecerán las distintas columnas en que se sustenta el éxito.

El análisis del estado en que se encuentran nuestras columnas debe ser objetivo. Considerando nuestra tendencia natural a buscar el lado malo de las cosas, incorporar una dosis de optimismo a la vida diaria es un ingrediente fundamental para lograrlo y aumentar la satisfacción con el nivel en que se encuentran los distintos aspectos de nuestra vida.

Seguramente, a lo largo de la vida todos nos hemos convertido en expertos en encontrarle "peros" a las cosas. ¿Cuántas veces te has escuchado a ti mismo decir: "Esto está muy bien, PERO..."? Y a partir de ahí diriges tu atención y tus comentarios hacia aquello que en tu opinión podría ser mejor. Esa actitud manda una mensaje al cerebro: nada de lo que nos ocurre es suficientemente bueno para producirnos la satisfacción que esperábamos.

Al andar por la vida con esa actitud es muy difícil que vivamos satisfechos. Siempre habrá algo que mejorar. La madurez consiste en aprender que nada —ni el mundo, ni nosotros mismos, ni los demás— es perfecto. Sin embargo, pareciera que hasta no encontrar la perfección en lo que hacemos o lo que nos ocurre no estaremos contentos. Aquí la noticia es que, al no hallar en las personas ni en las cosas esa perfección que ingenuamente seguimos esperando, vivimos con malestar e insatisfacción, resultado de nuestra absurda expectativa.

Ajustar nuestras expectativas a nuestro entorno y a los demás nos hará menos exigentes y más agradecidos. Pronto te darás cuenta de que el agradecimiento es un ingrediente indispensable para reconocer que mucho de lo que tienes y eres se lo debes a los demás. Y, sobre todo, que siempre hay motivos para estar agradecidos. La salud a la que tan fácil nos acostumbramos es un buen ejemplo de ello; pero la lista es interminable. El hábito de encontrar lo malo en lo bueno puede transformarse en su opuesto virtuoso: encontrar lo bueno en lo malo.

Lo malo: estás cansado por el trabajo. Lo bueno: ¡tienes trabajo! Hay millones de personas en el mundo que no tienen esa suerte.

Lo malo: tu hijo adolescente te saca de quicio. Lo bueno: ¡tienes un hijo! Lamentablemente hay miles de parejas que no han recibido esa bendición.

Lo malo: te duelen los pies de tanto caminar. Lo bueno: ¡tienes pies... y puedes caminar!

Lo malo: la comida de hoy no fue lo que esperabas. Lo bueno: ¡tienes comida en tu plato, bebida en tu copa!

Muchas de las cosas que nos estresan o nos preocupan son en realidad grandes bendiciones. Tienes familia; tienes trabajo; tienes vida, salud, tiempo y amigos. Aunque haya días complicados, debes abrir los ojos, palpar y respirar; agradecer y gozar el mundo que te ha sido dado y lo que has construido con él.

"Existen dos formas de ver el universo —afirmó alguna vez Albert Einstein—: o nada es un milagro... o todo es un milagro." ¿Cuál vas a elegir tú?

En estas circunstancias, cuando nos hemos vuelto ciegos a las bendiciones que nos han sido dadas (a veces sin merecerlo), cuando nos hemos acostumbrado a recibir y a pensar que el mundo nos debe, una dosis de optimismo y agradeciemiento puede tener un impacto importante en nuestra forma de andar por la vida. Romper esa tendencia natural a centrarnos en lo que no va bien, y hacer un ejercicio consciente de apreciar y valorar tantas cosas que tenemos que agradecer, puede hacer un cambio importante en nuestro nivel de satisfacción y felicidad.

En el tema del optimismo, como muchas de las sugerencias de este libro, lo importante no es saberlo, sino llevarlo a cabo.

6. El plan de acción

LAS CURVAS DE LA VIDA

Puesto que estamos acostumbrados a la planeación, la proyección y la prospección en los negocios, así también podemos aplicar esos mismos conocimientos y teorías a anticipar cómo pueden irse desarrollando las distintas curvas en nuestra vida. Verlas gráficamente puede ayudarnos a entender cómo se han comportado esas tendencias, y, sobre todo, cómo podemos incidir en su comportamiento en el futuro.

Esta gráfica elaborada por el Centro de Investigación de Filosofía y Empresa del Instituto Panamericano de Alta Dirección de Empresa (IPADE) ha sido muy útil en mis presentaciones ya que explica muy bien algunas de las curvas más importantes de la vida. Aunque es más fácil explicarla en una ponencia, intentaré hacerlo por escrito sin que pierda su sentido.

Si bien no pretende reflejar la totalidad de los casos, ya que hay tantas curvas como historias de vida de sus protagonistas, es muy útil para darnos una idea de cómo se comportan las curvas que describe de forma general.

Esta gráfica es una foto de dónde se encuentran las siguientes curvas en la mitad de la vida:

- El amor
- El trabajo
- La curva biológica
- La trascendencia

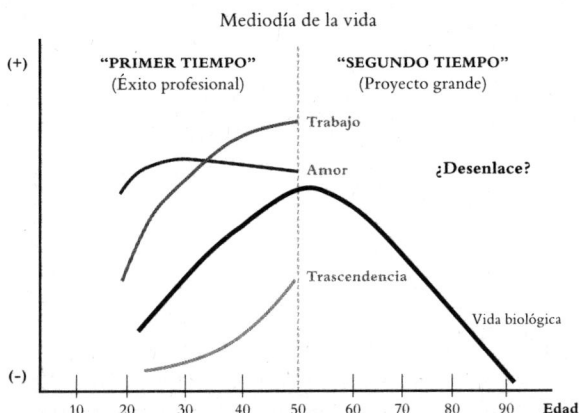

Mediodía de la vida

"PRIMER TIEMPO" (Éxito profesional) — "SEGUNDO TIEMPO" (Proyecto grande)

Trabajo
Amor
¿Desenlace?
Trascendencia
Vida biológica

Edad: 10 20 30 40 50 60 70 80 90

Como podremos observar en la gráfica, todas las curvas inician alrededor de los 20 años.

Tomemos unos segundos para analizar su significado.

La curva del amor

Como podemos ver, la curva del amor generalmente arranca por encima de la curva del trabajo simplemente porque en esa etapa de la vida es cuando descubrimos el amor (que muchas veces es enamoramiento) y elegimos con quién compartir nuestra existencia.

En esa etapa de inicio de la curva del amor normalmente nos aman sin ser nadie. Somos apenas un proyecto. Podemos dar señales de nuestro potencial como personas, pero en muchos sentidos estamos en proceso. Según este estudio, al analizar esta curva en el tiempo, podemos descubrir que puede haber ido en declive en los últimos años, podemos encontrar frialdad, resentimiento, falta de admiración, distanciamiento afectivo y sexual, y esto puede hacernos sentir desconcertados y desilusionados.

Cada lector podrá analizar si el ejemplo refleja su caso, y si lo hace conviene cuestionarse a qué puede deberse.

La curva del trabajo

A los 20 años la curva del trabajo se está trazando apenas. A esa edad hacemos nuestros pininos en lo profesional o empresarial, y normalmente, sin importar nuestros apellidos o posición económica o social, empezamos siendo nadie. Percibimos que tenemos la vida por delante y que los mejores años están por venir.

Con el tiempo podemos alcanzar una posición, prestigio, poder, dinero y admiración, por lo que erróneamente podemos refugiarnos en este aspecto profesional y empresarial que aparentemente aporta los satisfactores que creemos requerir para ser felices. Sobre todo si no los hemos encontrado en la curva del amor.

El tiempo nos dará señales de que esos satisfactores son efímeros, un espejismo, y a pesar de que seamos más doctos para manejarnos en este entorno, en el fondo de nuestro ser intuimos que esos satisfactores no serán capaces de aportar la cuota de plenitud a la que aspira nuestro corazón.

La curva biológica

La curva biológica no necesita mucha explicación: a menos que se interrumpa abruptamente con la muerte, sabemos que comenzará a descender de modo inevitable tras alcanzar su punto más alto.

El momento de decadencia de la curva biológica cambia radicalmente en distintos entornos y profesiones. A un atleta de alto rendimiento —futbolista o basquetbolista— le será difícil mantenerse activo, con la misma calidad, más allá de los 30 o los 40 años. No son pocos los casos de atletas millonarios que, al toparse con la crisis, protagonizan una tragedia que los lleva a la quiebra o a la depresión, porque nunca se plantearon seriamente el diseño de su segundo tiempo.

Para la mayoría de las personas este golpe de realidad tiene lugar entre los 40 y los 50 años; a algunos les toma un poco más, pues son capaces de mantener por más tiempo su actividad al mismo ritmo que cuando eran jóvenes.

Y, sin embargo, esta curva es la única que está marcada definitivamente: nuestra decadencia biológica es inevitable.

La curva de la trascendencia

En su origen, la curva de la trascendencia es apenas incipiente y va creciendo en la medida que crecemos en madurez y experiencia.

La trascendencia es fundamental para escribir nuestra historia en lo que la gráfica llama el "Proyecto grande", que yo traduzco precisamente como el proyecto trascendente, de plenitud, que nos llevará a encontrar la felicidad que tan afanosamente hemos buscado en el éxito profesional que perseguimos en el primer tiempo.

Lo más interesante de esta gráfica es que la podemos evaluar desde la perspectiva de la línea de la mitad de la vida, que es cuando aparece el dilema del medio tiempo, y que depende exclusivamente de nosotros hacia dónde se van a mover esas curvas en el futuro. Si las decisiones que tomamos en esta etapa son acertadas y congruentes, el movimiento de las curvas será consistente con nuestro proyecto de vida y sobre todo con nuestra misión. Si, por el contrario, son equivocadas, lógicamente se alejarán de nuestros objetivos de vida.

Entender que en esta etapa aún tenemos en nuestras manos la oportunidad de definir cómo se mueven esas curvas a partir del mediodía de la vida y la fecha en que nos llegue la muerte es un shock que debería ser capaz de mover a cualquiera.

Y si a esto le añadimos que lo que realmente importa es en dónde se encuentren esas curvas al momento de morir, podremos entender la trascendencia que tienen las decisiones que tomemos a partir del medio tiempo, que es el parteaguas que puede definir la forma de terminar nuestra vida en la tierra.

El plan de ataque

El plan de ataque es el que nos ayudará a decidir y diseñar la forma en que las curvas de trabajo, amor y trascendencia se comportarán en la segunda mitad de nuestra vida.

Todos conocemos historias de éxitos y fracasos en torno al medio tiempo. Seguramente tú mismo conoces a muchos que han enfrentado la crisis de la mitad de la vida y los has visto reaccionar de distintas maneras —o, peor aún, no reaccionar en absoluto mientras la vida les pasaba de largo—. Espero que a estas alturas tú mismo te hayas planteado abordar el medio tiempo de forma proactiva. Como dice el famoso eslogan de Nike: *Just do it* (Sólo hazlo). Quizá sea el tiempo mejor invertido de tu vida.

Desde luego, a todos nos ayuda tener un mapa o una guía para transitar por esta selva oscura, esta maraña vital del medio tiempo. ¿Cómo podemos empezar nuestro medio tiempo? ¿Cómo saber si estoy allí, o si es para mí? ¿Cuáles son los pasos que podemos tomar para rediseñar la segunda mitad de nuestra existencia?

La verdad es que no hay recetas. Se trata de un proceso tan personal y tan íntimo que lo más que puedo hacer es darte ciertas nociones y directrices para orientarte.

Paso uno: introspección y silencio

El primer paso es el más difícil de todos, pero también el más importante. Por inercia nos resistimos al cambio, a romper la rutina y los hábitos que tenemos tan arraigados. Lo primero es percibir los avisos, las señales y los focos rojos, y admitir con honestidad que debemos hacer una pausa, abandonar el campo de juego para ir al vestidor y vivir nuestro medio tiempo. De la seriedad e intensidad con que lo hagas dependerán los resultados que logres.

Si has aceptado esta realidad y tomado la decisión de iniciar, te felicito: has dado el paso más difícil. Te advierto que te parecerá que todo y todos conspirarán para que no sigas con esa "locura".

Lo que sigue es buscar dentro de ti las respuestas que te ha ocultado la rutina de la vida. El silencio, ya lo hemos dicho, es un espejo aterrador pero honesto. Nos ayuda a abrir los rincones que nos hemos ocultado a nosotros mismos. Nos obliga a abrir los cajones del corazón que tienen años empolvados, tal vez desde nuestra juventud.

¿Estás conforme con la persona en la que te has convertido? ¿No te sientes distante de quien realmente eres?

Busca ese espacio sin excusas. No es un tema de uno o dos días. Tus circunstancias te ayudarán a buscar el tiempo y el espacio ideales. Para mí ha sido un proceso largo e intenso, pero muy rico y fructífero; necesité un par de retiros espirituales, completar el Camino de Santiago, tomar un curso en el Halftime Institute y muchos días de silencio, búsqueda, conversaciones, ejercicios, horas de meditación e introspección para redescubrir y reconectarme con mis talentos, mis sueños, mis pasiones y mi misión. Pero hay tantos senderos como viajeros. Busca el tuyo. Y hazlo en serio: ¡tu plenitud y tu felicidad dependen de ello!

En la guerra por la conquista de nuestra plenitud y felicidad, me parece que una de las batallas fundamentales es la de nuestra paz interior. Y como decían Lucrecio, García Martí y muchos otros escritores de gran calidad moral en la materia, un eslabón fundamental para acceder a la paz interior es el de la serenidad. Sin serenidad y en medio de las prisas y los agobios propios de tu agenda, te será muy difícil conectar con tu intimidad.

Basta echar un vistazo a las actividades de la semana, del mes o del año anterior para entender por qué nos cuesta tanto trabajo encontrar un momento de sosiego y vivir serenamente. ¡Estamos saturados de citas, compromisos y proyectos!

Vivimos inmersos en una espiral de activismo y consumismo tales que no sorprende que tengamos la histeria a flor de piel; la gran cantidad de compromisos que tenemos pone constantemente a prueba nuestra capacidad de gestión y de atender varias tareas al mismo tiempo. Muchas veces me he imaginado a mí mismo como un malabarista con 50 esferas en el aire. Para que no caiga ninguna (lo cual es casi inevitable), necesito una concentración permanente que produce una constante tensión y angustia. ¿Cuántas esferas tienes tú en el aire? ¿Son todas importantes? ¿Qué pasaría si dejaras caer algunas? Te aseguro que no mucho.

Esto me ha hecho buscar afanosamente (y meter en la agenda) momentos de soledad y silencio. Esos espacios me saben a gloria; me permiten aislarme del ruido, pensar, meditar, orar, reconectarme con lo importante y, una vez al mes, revisar mi proyecto de vida para el segundo tiempo.

Me han servido especialmente las caminatas en soledad, quizá porque me gusta caminar y me cuesta mucho trabajo aislarme del mundanal ruido y la inercia del activismo. ¡Sin celular!

Caminatas en la naturaleza, de preferencia, en la que te dediques a percibir la temperatura, el canto de los pájaros y la música del viento pasando por las hojas de los pinos, la intensidad del color de las flores y del verdor de los árboles. Que escuches la voz de tu conciencia. La voz de Dios.

Es obvio que no se puede hacer muy seguido, pero cuando hago lo necesario para lograrlo, llego revitalizado, con más claridad, sereno, sin la tensión habitual en los hombros y con una sensación especial de agradecimiento por la vida. ¿Que cuánto dura el encanto? Muchas veces se acaba con la primera llamada o con la revisión del primer correo. Pero mientras dura es una delicia, por lo que aunque no siempre lo logre, estoy decidido a promover estos espacios con la frecuencia que mi realidad y circunstancias me lo permitan.

¡Con qué facilidad podemos perder el enfoque! Y qué difícil es mantenerse firmes y decir no a todo aquello que nos aleja del proyecto de vida que conscientemente hemos elegido.

Para reforzar la importancia de los momentos de silencio, recurro nuevamente a las elocuentes palabras de García Martí en su libro *Serenidad:*

> La rapidez de gestión, la productividad, los objetivos a alcanzar a corto plazo no favorecen a nuestra paz interior; el ir cada vez más lejos en menos tiempo, el realizar más cosas en las jornadas laborales, las distancias mayores entre lugar de residencia y trabajo, producen una trepidación en el espíritu que con el paso del tiempo se convierte en crítica, de tal forma que hasta en la diversión y en el descanso buscamos el movimiento.

La paz interior representa una verdadera conquista; curiosamente, nos plantea la necesidad de luchar por ella, defenderla como un bien preciado que no estamos dispuestos a que nos sea arrebatado por los avatares de la vida cotidiana y por el ritmo frenético al que estamos sometidos.

Se necesita mucha valentía y mucha disciplina para mantener las tensiones afuera y para promover un ánimo imperturbable. Es obvio que no siempre se logra, porque incluso muchos de los problemas que nos rodean requieren de una buena inversión de adrenalina y de estrés para resolverse adecuadamente. Pero de nosotros depende que sean las excepciones y no la regla general con que nos enfrentamos todos los días a la vida.

¡Vivir así es agotador! Vivir así no nos permite ser los dueños de nuestra vida y nuestras decisiones porque vivimos volcados en las urgencias y exigencias de las circunstancias y no en los planes y proyectos que hemos decidido. Y por supuesto este estilo de vida aleja la serenidad y paz interior que tanto buscamos.

Por eso, me gustaría desde estas páginas hacerte un llamado urgente para defendernos de las prisas, las intranquilidades, las inquietudes, las preocupaciones y las angustias sin sentido, y que seamos capaces de crear un ambiente a nuestro alrededor en el que prevalezca la pausa y el sosiego. Que intentemos de verdad instalarnos en el presente, con toda la fuerza que éste tiene. Sabiendo de antemano que no siempre lo lograremos pero que vale la pena vivir intentándolo.

Sé que no es fácil (admito que yo fracaso constantemente en este empeño), pero lo importante es tenerlo presente, no dejar de intentarlo y tomar conciencia de nuestras pequeñas conquistas en favor de la paz interior.

Bajo el dintel de la puerta del Oráculo de Delfos, los viajeros se encontraban con unas palabras poderosas: "Conócete a ti mismo". Es un reto portentoso, sobre todo en estos tiempos en que nos gusta presumir que conocemos a cientos o miles de personas —de manera virtual— y que hemos visitado tantos o cuantos países. Quizá hayamos recorrido el mundo entero y, sin embargo, hemos olvidado un conocimiento fundamental: nuestra persona.

Aprovecha el silencio no para divagar o perder el tiempo; sí, en cambio, para descansar la mente y replantear tus objetivos de vida. Igual que las empresas realizan su planeación estratégica —visión, misión, valores y objetivos—, nosotros debemos decidir quiénes somos, a dónde queremos ir y cómo podemos hacerlo. Escríbelo en un papel. Poner las cosas en blanco y negro nos hace estructurarlas y comprenderlas mejor. Seguramente en tu empresa o negocio tienes una visión, misión y valores que marcan el rumbo y la estrategia del negocio. ¿Pero tienes algo similar en lo personal?

Puedes empezar por hacer una lista de lo que te gusta hacer y aquello para lo que eres bueno; también de tus principales virtudes y tus defectos dominantes. De ahí podrán ir surgiendo actividades y proyectos en que coinciden tus pasiones y tus talentos.

Busca el tiempo para el silencio, para la introspección. ¿Cuánto tiempo es el apropiado? Cada persona tiene una historia distinta. Busca el silencio hasta que sientas que has descansado el alma, encontrado respuestas que te permitan hacer un plan de vida que te sirva como faro, como punto de referencia. A partir de ese momento reúne energías para atacar con bríos la segunda —quizá la mejor— mitad de tu vida.

PASO DOS: DIAGNÓSTICO

Es conveniente buscar consejo de personas que conozcan el tema, que te aprecien y te puedan ayudar. Libros, seminarios, expertos o confidentes. No pretendo desanimarte, pero la realidad es que hay poco escrito sobre este tema, y al ser un concepto relativamente nuevo, no hay muchos expertos allí afuera que le den el enfoque humano y trascendental que yo buscaba. Sin embargo, un acompañante, un curso, un director espiritual o mentor que te ayude a caminar este camino puede ser de gran ayuda. Después de todo, la segunda mitad de la vida es territorio desconocido y nos obliga a abandonar nuestra zona de confort. Ésa es una de las batallas que vale la pena librar. Atrévete a desactivar el piloto automático con que has vivido, a tener la valentía y la humildad de explorar otros terrenos. Sería absurdo esperar resultados distintos si sigues haciendo lo mismo. No es sencillo, pero te aseguro que vale la pena.

Antes de tomar el programa de Halftime Institute, a todos los participantes nos pidieron responder el cuestionario de Gallup para conocer nuestras fortalezas y debilidades, y con base en ellas planear el segundo tiempo de nuestra vida. Un FODA personal, como los que seguramente has hecho en tu empresa.

Se trata de un ejercicio valioso que te permite descubrir —o confirmar— tus talentos, de los cuales tendrás que echar mano para llevar a cabo la misión única, personal e intransferible detrás de la que se esconden la plenitud y la felicidad.

También se hace un ejercicio igual de importante que te permite descubrir o confirmar cuáles son tus pasiones, haciendo una lista de lo que te gusta hacer y de lo que harías aun sin recibir ningún pago. ¿Cuáles son esas actividades que cuando las realizas pierdes la noción del tiempo, en las que te sientes en tu zona, como comenta Sir Ken Robinson en su excelente libro *El Elemento*?

Al hacer ese ejercicio empiezas a vislumbrar cuáles son tus pasiones y tus talentos, lo cual va a ser fundamental en tu proceso del medio tiempo, en el que uno de los objetivos centrales es el de redescubrir quién eres y para qué estás aquí, en hacer ese famoso maridaje entre tus pasiones y tus talentos. ¡Ésa es tu misión!

Un sano complemento al ejercicio de Gallup es otro que requiere de humildad y honestidad. Es el que se hace para confrontar los resultados científicos de la encuesta de Gallup con las personas que más te conocen y te quieren.

El proceso consiste en presentar los resultados a tus amigos, familia y colegas para confirmar que tus fortalezas y debilidades identificadas por Gallup, incluso tus defectos dominantes, han sido adecuadamente captadas por esta encuesta.

Es importante saber cómo te ven los demás. Obviamente, habrá que pedirles respuestas honestas, directas y transparentes, ya que de lo contrario de poco servirá el ejercicio. A los míos les dije que, si de verdad querían ayudarme, necesitaba conocer su verdadera percepción, ya que con esa información yo diseñaría la segunda parte de mi vida. Así de fundamental es la respuesta que recibes.

Además es un ejercicio muy valioso porque te permite presentarte vulnerable ante los tuyos. Te abres de capa para que te digan las cosas tal como son, para que te confronten con tus verdades y te ayuden a terminar de conocerte tal cual eres. No es un ejercicio ni cómodo ni agradable, pero vale mucho la pena.

Hay algunos que por su personalidad o por el cariño que te tienen no son totalmente objetivos y exageran tus virtudes y minimizan tus errores. Hay otros en cambio más críticos que les resulta mucho más fácil identificar tus defectos que tus virtudes. Ambos son válidos, y cada uno de nosotros sabremos cómo matizar la información recibida.

Te puedo decir con certeza que las respuestas de las personas que te conocen y quieren serán muy valiosas para conocerte mejor y con base en eso definir tu proyecto de vida para el segundo tiempo.

Conocer tus fortalezas y debilidades, pero sobre todo tus pasiones y tus talentos, te ayudará a diseñar un segundo tiempo mucho más fructífero.

Es, de hecho, en este maridaje de pasiones y talentos en donde se encuentra tu espacio de desarrollo exponencial, al que Ken Robinson denomina El Elemento, y al que yo llamo tu misión. Puede exponerse de forma clara así:

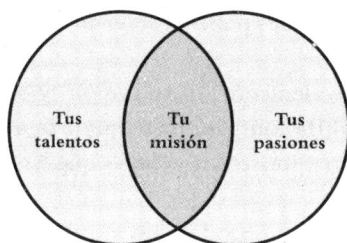

Tus talentos — Tu misión — Tus pasiones

Ken Robinson, en su referido libro *El Elemento,* asegura que nuestra tarea primordial para encontrar nuestra misión en la vida es encontrar ese punto exacto en donde se mezclan nuestros talentos (las cosas que hacemos bien, que se nos dan de forma natural) y nuestras pasiones (las cosas que amamos y que podemos hacer sin cansarnos). Es en esa zona maravillosa en donde sucede la magia. A ese espacio preciso le llama El Elemento, en el mismo sentido en que decimos que alguien está "en su elemento" cuando ama lo que hace y lo hace casi sin esfuerzo.

No todos tus talentos son parte de tu misión. Hay cosas que haces bien que quizá no formen parte de tu proyecto central. Quizá seas un excelente cocinero, o un genio en el billar, pero estas cosas no forman parte de tu *one thing.* También es posible que seas talentoso en cosas que no te apasionan de verdad.

Lo mismo se puede decir de tus pasiones. "Haz lo que amas" es un consejo que se da mucho pero que significa poco. Quizá seas un apasionado del futbol o del rock pero ¿también eres un gran futbolista o músico? Hay grandes pasiones que pueden ser, sencillamente, *hobbies* o aficiones. Tal vez un instrumento musical entre en esa categoría. Pero a menos que también tengas talento, y que sea parte de tu misión no te servirán de mucho en el proyecto de tu segundo tiempo.

Busca, en cambio, ese lugar en donde tus talentos y tus pasiones se funden: es el punto exacto en donde tu misión se encuentra, y que puedes poner al servicio de algo más grande y trascendente.

Encontrar "tu elemento" o "tu misión" y dedicarte a él con empeño te permitirá construir un segundo tiempo apasionante, más allá del éxito —poco o mucho— que hayas alcanzado en el primer tiempo.

Sería ilógico que haciéndote un gran golfista, se te pidiera ganar Wimbledon. En tu talento está también tu misión, aunque tu talento sea, como dice la Madre Teresa, pelar papas.

Tus pasiones nobles también son parte de quién eres. Sé honesto contigo mismo y permítete conocerte mejor de lo que ya lo haces. Para eso ayuda mucho preguntar a otros que nos conocen y nos quieren. A fin de cuentas, nadie es buen juez de sí mismo.

Explora también tus sueños e ilusiones, aquellos que son dignos para invertir en ellos tu segundo tiempo.

En mi caso, las ideas han llegado en las situaciones más disímiles, algunas obvias y otras inesperadas: a veces escuchando música, a veces de labios de un sacerdote, atorado en el tráfico, en una buena conversación frente a un tequila, en una junta de trabajo, en el abrazo de un viejo amigo, en la mirada cariñosa de mi mujer o al escuchar una broma de mi hijo. Te aseguro que si estás atento a las señales las recibirás.

Ponerse en disposición de escuchar es el primer movimiento de la sabiduría. "Sólo sé que no sé nada" son las palabras inmortales de Sócrates. Aceptar que no sabemos todo, que podemos mejorar, es una actitud que los adultos relegan a los niños y que los sabios retoman en su madurez. La humildad es una actitud indispensable en esta etapa.

Es fácil reconocer la madurez de las personas por la forma como abordan esta etapa trascendental de su vida. Una persona inmadura no llegará muy lejos en este proceso; más bien se quedará atrapada, añorando la juventud perdida. No pasará de la crisis de los 40. Te darás cuenta de lo grande que es el mundo fuera de tu oficina, de tu empresa, de tu gremio y de tu círculo social de siempre. Tras pasar décadas construyendo tu castillo perfecto, debes salir de él para conquistar nuevos territorios. El miedo no faltará, pero la ilusión será mayor y el reto valdrá la pena.

PASO TRES: LÁPIZ Y PAPEL

Así como has hecho tantas veces en tu empresa o negocio, has de poner en papel misión, visión y valores para tu plan de vida. Las reglas son las mismas: deben ser breves, claros, concisos, alcanzables y medibles. No puedes emplear frases genéricas o ambiguas ("ser más feliz"); por el contrario, debes delinear metas objetivas y claras ("pasar x horas a la semana con mi familia", "escribir el libro que tengo en el tintero y publicarlo", "retomar las clases de batería una vez a la semana", "visitar a mi padre o pariente enfermo una vez al mes").

Tienes la libertad de hacer de tu vida lo que quieras, y sólo tú puedes escribir la visión de tu propia vida. Explora tus sueños, tus esperanzas, tus deseos, y plantéate seriamente alcanzarlos.

¿No has pensado alguna vez: "Si volviera a tener 20, 30 años, hubiera hecho esto o aquello" o "si pudiera elegir otra vez hubiera sido músico en lugar de médico"? Ahora puedes hacerlo. Despréndete de etiquetas y expectativas de otros; desecha la presión social o económica, y plasma en ese papel exactamente quién quieres ser y lo que quieres lograr.

Una vez que lo hayas escrito, respétalo. Guarda ese documento en un lugar que puedas visitar constantemente: es tu nuevo mapa de ataque. Incluso —¿por qué no?— ponlo en un lugar visible para ti, igual que has hecho con la visión de tu empresa.

Éste será un primer paso útil, tu bosquejo, el borrador de tu proyecto, en el que deberás invertir muchas horas de introspección y meditación para darle forma hasta que se convierta en tu misión, tu plan de vida para el segundo tiempo.

Este ejercicio preliminar podrá incluir tus respuestas a las nada fáciles siguientes preguntas:

- ¿Quién soy?
- ¿Dónde estoy?
- ¿Adónde voy?
- ¿Soy feliz?
- ¿Cuáles son mis talentos?
- ¿Cuáles son mis defectos?
- ¿Qué me apasiona?
- ¿Qué no puedo dejar de hacer antes de morir?
- ¿A quién debo pedir perdón?
- ¿Qué espera Dios de mí?
- ¿Cuáles son mis tesoros?
- ¿Cómo es la calidad de mis relaciones interpersonales?
- ¿Cómo está mi éxito en las seis dimensiones?
- ¿Cuál ha sido el precio que he pagado por lo que he logrado?
- ¿Cuál es mi misión?
- ¿Cuáles son los obstáculos a los que me enfrentaré para llevarla a cabo?

Muchas de estas preguntas te sorprenderán porque quizá nunca te las has planteado, o lo hiciste hace décadas y has olvidado las respuestas. No importa: es hora de volver a plantearlas. Al fin eres sin duda otra persona de la que hace años fuiste. La idea es construir tu nuevo yo, tu yo para el segundo tiempo de la vida. La mejor versión de ti mismo.

Existen muchas razones por las que una persona estudia una licenciatura o realiza un trabajo: practicidad, conveniencia, presión familiar, necesidad económica, inercia o ignorancia. Pero muchas veces nuestra actividad cotidiana y nuestro elemento son mundos distintos. Tal vez sea momento de considerar seriamente si tu trabajo realmente te apasiona, en qué aspectos de él aportas valor, y cuáles conviene que empieces a delegar. Seguramente has escuchado este consejo antes: *Do what you do best, and delegate the rest* (Haz aquello para lo que eres bueno, y delega el resto). Ahora es el momento perfecto para poner en práctica estas palabras y buscar el maridaje de talentos y pasiones: ¿disfrutas lo que haces?

El Evangelio de San Mateo lo expresa claramente en la parábola de los talentos, cuyo mensaje es contundente: Dios entrega a sus siervos algunos talentos —a cada uno diferente cantidad— y luego les pide cuentas de ellos. A quien más da, más exige, y al que menos, exige menos. Pero a todos pide cuentas.

En lo personal, esta parábola me ha pegado muy fuerte. Entender que tenemos una responsabilidad y el compromiso de rendir frutos con los talentos que hemos recibido, y que a mayor cantidad de talentos la expectativa crece, ha sido revelador.

¿Cuáles son tus talentos, tus talentos verdaderos? Es hora de ponerlos a trabajar en algo más grande que tus propios intereses.

¿Cuáles son tus pasiones, ésas que te generan mariposas en el estómago, que te hacen sentir vivo, que te llevan a perder la noción del tiempo?

En esto podría resumirse gran parte de la idea que entraña este proceso. Detrás de la búsqueda está tu misión en la vida. Vivirla y ponerla al servicio de los demás te permitirá alcanzar la plenitud y la felicidad que llevas tanto tiempo buscando.

PASO CUATRO: LA CARRERA PARALELA

El medio tiempo no significa quemar las naves del primer tiempo. Te ha costado mucho lograr lo que has hecho, y sería un desperdicio tirar todo por la borda. La transición no significa cambiar totalmente de actividad; puede tratarse de hacer sólo algunos ajustes, especialmente internos y de actitud.

Para que la segunda mitad no llegue a tu vida —y a la de los demás— como un *shock* violento, conviene hacer la transición de forma paulatina, consciente y, sobre todo, muy realista, atendiendo a tus circunstancias particulares.

En la mayoría de los casos, la inmersión en la segunda mitad toma la forma de una carrera o una actividad paralela. Es decir, sin dejar de hacer lo que siempre has hecho y que te ha llevado adonde estás hoy, puedes empezar a disminuir la velocidad y dedicar más tiempo a lo que deseas hacer con tu nueva realidad.

En mi caso, mi actividad profesional sigue siendo el centro de mi vida. Continúa apasionándome, me desempeño bien y sigo plenamente vigente. No puedo, no quiero ni debo retirarme. Por eso en mi medio tiempo decidí emprender una carrera paralela y reduje mi jornada profesional a siete horas, durante las que hoy, después de 25 años de experiencia, logro lo mismo o más que antes, con las nueve horas que invertía. Curiosamente he adoptado la versión mexicana del horario burócrata de *nine-to-five*. Sobra decir que, cuando las necesidades de los clientes o los proyectos lo requieren, dedico las horas que sean necesarias, pero ahora lo hago por excepción. He aprendido a hacer más con menos.

En cuanto a las dos horas de "ahorro", las he consagrado a proyectos extraprofesionales que también me apasionan y que tienen gran impacto social. Con orden y disciplina se hacen maravillas en esas dos horas al día. Tengo un programa de radio semanal en el que abordo temas que promueven la reflexión; ha sido una buena forma de involucrarme en los medios —algo que siempre me ha entusiasmado—. También invierto tiempo en Family Consultoría, que ha ayudado a muchas personas, matrimonios y familias; en un *think tank* de alto nivel enfocado en proyectos sociales, en el que participan grandes personas que han entendido la importancia de dejar su huella en el mundo, y, por supuesto, en difundir el concepto del medio tiempo (la publicación de este libro es un buen ejemplo). A la par, como siempre lo he hecho, sigo involucrado en proyectos educativos, y paso tiempo de calidad con mi familia, con Dios, con mis amigos y con mi persona. Suena redituable, ¿no? Para mí lo ha sido. Y mucho.

Para muchas personas con quienes he abordado este pegajoso tema, al igual que en mi caso, ha sido muy tranquilizador saber que el medio tiempo no necesita romper con lo que hemos hecho y aún disfrutamos y que tampoco implica cambiar radicalmente de actividad. Por eso el concepto de la carrera paralela es tan atractivo y lo hace en muchos casos una forma muy realista de abordar el medio tiempo.

También he tenido la oportunidad de presentar este concepto en varias sesiones y ciudades con el IPADE —la escuela de negocios más importante en Latinoamérica y la tercera del mundo—, frente a cientos de ejecutivos de alto nivel. Mi experiencia ha ayudado a muchos a abrir los ojos a este apasionante tema del medio tiempo y la dinámica ha sido enriquecedora y emocionante.

Si es tu caso, explora cuál puede ser tu carrera paralela. Comienza a soltar poco a poco las estresantes riendas del día a día, delega funciones en las que eres sustituible y concéntrate en aquello en lo que realmente aportas valor. Planea, delega, comparte tu experiencia, capacita, confía en tu gente y empieza a dedicar algunas horas del día a aquello que has decidido poner en el centro de tu segundo tiempo.

Esto no es tan sencillo como suena, porque las fuerzas del primer tiempo siguen siendo fuertes y, algunas veces, inevitables. Pareciera que nos atrapan celosamente para no permitirnos abandonarlo. Los hábitos y la rutina son un *die hard*.

Desde hace dos años dediqué varias horas de cada semana a escribir, revisar, comparar y corregir las ideas que componen estas páginas. Durante una reunión para ver avances de este libro —uno de los planes de mi segundo tiempo—, me llamaron para convocarme a una importante junta esa misma tarde, fuera del país. El secretario de Economía asistiría a un acto en el que uno de nuestros clientes más importantes presentaría un nuevo proyecto.

Aunque traté de escabullirme, la realidad es que era una cita de tal importancia que habría sido una irresponsabilidad no asistir. Justo en medio de una de las actividades de mi carrera paralela, mis obligaciones profesionales me recordaron que la transición hacia el segundo tiempo no es lineal ni absoluta; que es normal tener un pie en el primer tiempo y otro en los albores del segundo, y tengo la suerte de disfrutar las ocupaciones de ambos.

A pesar de que puede resultar difícil, la transición es mucho más emocionante y efectiva que las opciones tradicionales: tirarte a la hamaca, retirarte de manera súbita o trabajar hasta la muerte.

También como parte de mi carrera paralela decidí ayudar a matrimonios y familias a encontrar consejo adecuado para sus momentos difíciles —todos los tenemos—. Por ello me di a la tarea de conjuntar un equipo de profesionales para constituir Family Consultoría, una asociación civil sin fines de lucro que se encarga de asesorar, acompañar y dar seguimiento a personas, matrimonios y familias que necesitan una mano para salir adelante. Hemos conformado un equipo de primer nivel, y, entre bromas y veras, con frecuencia les digo a los consejeros que apoyo en esta materia lo necesitamos todos, y que no se sorprendan al encontrar a alguno de sus colegas en un cubículo recibiendo asesoría.

Family Consultoría es, para mí, uno de los mejores ejemplos de lo que la carrera paralela y el maridaje entre talentos y pasiones pueden lograr. Por una parte, como mencioné en el capítulo anterior, estoy convencido de que fortalecer a las familias permitirá forjar una sociedad más humana y funcional; ésa es una de mis pasiones. Por otra parte, mi experiencia profesional me dio la oportunidad de integrar y coordinar un consejo de empresarios con un alto nivel de compromiso y un equipo efectivo que da resultados. El proyecto ha puesto a prueba mi capacidad de gestión en un entorno distinto; ése es mi talento. Para llevarlo a cabo he tenido que dedicar algunas horas a la semana a las juntas y echar mano de mis contactos profesionales.

Aunque la satisfacción personal no es el móvil de este proyecto, puedo decirte que los casos de éxito, palpar de primera mano la forma como ha cambiado la vida de personas y familias que han recibido apoyo, han sido tan satisfactorios como las operaciones profesionales más sofisticadas en las que he participado.

Por cierto, puedes conocer Family Consultoría en <www.familyconsultoria.com>. Quizá pueda serle útil a alguien que conozcas.

Hablo de este proyecto como un ejemplo que viví en primera persona, pero estoy seguro de que tú podrás identificar muchos otros, ya sea iniciarlos o sumar tu capacidad y experiencia a proyectos ya existentes cuyo objetivo te atraiga y que consideres son serios y estén bien manejados; porque incluso para ayudar mejor se requiere hacerlo con los mismos parámetros e indicadores que utilizas en tu propio negocio.

PASO CINCO: VE POR MÁS

Algo pasa cuando empiezas a desarrollar tu carrera paralela: se te abre un horizonte distinto, comienzas a medir los resultados de forma diferente, te fuerzas a enfocarte en lo fundamental de tu trabajo y a delegar lo delegable, y te conectas con lo verdaderamente esencial en tu vida.

Cuando empecé a dedicar dos horas diarias a proyectos de mi segundo tiempo, pensé que ardería Troya. Pero, para mi sorpresa —y mi forzada humildad—, no pasó absolutamente nada. La firma siguió caminando bien. Mejor, incluso. El equipo que hemos formado durante tantos años no sólo ha agradecido la oportunidad de asumir más responsabilidades, sino que ha sacado la casta, lo cual ha sido una satisfacción.

Mientras somos jóvenes e inexpertos requerimos todo nuestro esfuerzo físico y mental para sacar adelante nuestro proyecto profesional. Cada cliente y cada proyecto absorben el 100% de nuestra capacidad. Con el tiempo aprendemos a manejar varios proyectos a la vez sin descuidar su atención y calidad.

Poco a poco, con el tiempo, adquirimos experiencia que nos permite hacer más con menos. Aquello que nos llevaba dos o tres días, ahora nos lleva uno. Una decisión que antes nos llevaba horas ahora podemos tomarla en minutos. Ésta es una experiencia universal.

Es por eso que de manera responsable y sin descuidar imprudentemente el negocio podemos empezar a soltar algunas cosas para enfocarnos en aquellas que nuestra experiencia y visión aportan valor, delegar lo delegable con la supervisión adecuada y dedicar tiempo a nuevos proyectos que nos apasionen, nos ilusionen y nos rejuvenezcan.

Para esto es fundamental haber invertido en un equipo confiable y empoderar a jóvenes talentos a quienes hemos venido formando. Ellos mismos agradecen el espacio y la confianza y siguen dóciles a la dirección, saben que aportas visión y experiencia.

George Orwell escribió: "No es posible que una persona pensante viva en nuestra sociedad sin querer cambiarla". El México que hoy vivimos nos interpela y reclama nuestra intervención ante los graves retos que enfrenta. Con 40 millones de pobres, inmersos en una espiral de violencia, rodeados de promotores de la cultura de la muerte, en medio de una corrupción galopante y con la familia bajo ataque, alguien tiene que dar la batalla. Si no somos tú y yo, dudo que alguien más lo pueda hacer.

Siempre pensé que los jóvenes, con su energía, su pasión y su natural rebeldía, serían quienes cambiarían el mundo. Al entrar en este proceso he visto con claridad que quienes transitamos por esta etapa de la vida contamos con las herramientas que se necesitan para hacerlo. Nos guste o no, las circunstancias nos han puesto en una coyuntura histórica que definirá el futuro del país y del mundo. De lo que hagamos o dejemos de hacer tú y yo dependen muchas cosas. ¿Ignoraremos nuestra responsabilidad con tal de seguir en la carrera del éxito? ¿Nos dedicaremos a jugar golf —mi deporte favorito— o bingo? Sería una grave irresponsabilidad y un gran desperdicio.

Estamos convocados a ir por más, a recuperar los sueños de juventud que ahora parecen lejanos, a reconectar con la ilusión propia de la adolescencia, y transitar con ellos al segundo tiempo.

"¡Sonamos, muchachos! —dice Mafalda en uno de sus mejores cartones—. Resulta que si uno no se apura a cambiar al mundo, después es el mundo el que lo cambia a uno." ¿Te suena familiar?

Recuerdo bien mis primeras clases en la carrera de derecho, cuando todavía era un adolescente. Casi cada profesor nos hacía la misma pregunta: "¿Por qué estudias derecho?" Y ahí venía un sinfín de respuestas idealistas: para promover la justicia, para cambiar a México, para defender causas nobles, para combatir la desigualdad…

Después nos dimos cuenta de que la vida era otra, y que para sobrevivir teníamos que ser menos idealistas y más pragmáticos. Y nos hicimos viejos. Al vernos en el espejo ahora, 30 años después, ¿cuántos de esos sueños siguen vivos?

Todos. Siguen vivos todos. Pero han estado dormidos, empolvados, y es hora de despertarlos. Tú también puedes ir por más. A estas alturas estoy seguro de que, además, tienes que hacerlo. El medio tiempo es un proceso que puede ser doloroso, cuando abrimos los ojos que llevan cerrados tanto tiempo. Casi todas las personas con las que he platicado del tema del medio tiempo, han encontrado que este proceso debe enfrentarse en algún momento de su vida. Muchas de ellas se han atrevido a enfrentarlo de lleno. Algunas de ellas han logrado cambios extraordinarios, que me llenan de esperanza y demuestran que en cada alma humana hay un gigante dormido que desea comerse al mundo.

Éstas son algunas de sus historias; todas son verdaderas y las he conocido de primera mano. Me reservo nombres por respeto a su privacidad.

Un buen amigo llevaba 22 años escalando posiciones en una gran empresa de tecnología multinacional y gracias a su esfuerzo y dedicación había llegado a la dirección general y tenía más de cinco mil empleados a su cargo. Había logrado posicionarse no sólo dentro de la compañía, sino en el medio empresarial, como un referente al que acudían lo mismo empresarios que académicos y políticos para pedirle consejo.

Tuvimos la oportunidad de conversar largo y tendido sobre el medio tiempo, unas veces con un buen tinto, otras en el campo de golf y algunas más al terminar una de mis presentaciones sobre el tema.

Me di cuenta de que el concepto —como a muchos— le hacía mucha mella y que estaba a punto de tomar decisiones importantes en su vida. Un día me confió que quería cambiar de entorno y que una de sus motivaciones era tener más tiempo para sus proyectos personales y sobre todo para convivir con su nieta. "Me gustaría llevarla al kínder —me decía—; ése es uno de mis sueños".

Después de algunos años en la dirección general y aún con muchos años de trabajo por delante, para sorpresa de sus empleados, colegas y amigos, e incluso de su propia familia, anunció su salida de la empresa.

En el multitudinario evento de despedida que le organizaron sus colegas y en el que presentó a su reemplazo, mi amigo, acompañado de su familia, explicó que una de las cosas que lo habían movido a tomar la decisión de seguir un rumbo distinto fue conocer el concepto de la crisis de la mitad de la vida.

Cambió una dirección general por tener la libertad de llevar a su nieta al kínder. Estoy seguro de que esto fue un proceso bien pensado. Hoy lo veo más pleno, más libre y feliz.

Hoy por hoy el gobernador de uno de los estados más importantes del país le pidió llevar a cabo un importante proyecto. Mi amigo tuvo la claridad mental necesaria para aceptar el encargo de manera honoraria, sin cobrar un centavo y con la condición de poder dedicar la mitad del día a su familia y sus actividades personales, y sobre todo de renunciar en el momento en que se le pidiera cualquier cosa opuesta a sus principios.

Otro caso que puedo referir aquí es el de un par de buenos amigos —que han sido para mí ejemplos de vida— que, tras desarrollar exitosas carreras como empresarios —en el medio de la computación uno y en el ámbito alimenticio el otro—, en momentos distintos decidieron regresarle al país algo de lo mucho que habían recibido de él, y aceptaron la presidencia de dos de las principales cúpulas empresariales del país.

Ambos opinan que si de verdad queremos hacer algo por el país, necesitamos dejar de quejarnos y empezar a comprometernos. En ellos vi claramente que, una vez que consolidaron sus prósperas compañías, con directores de primer nivel y una estructura institucional sólida, sus ambiciones nobles los llevaron a cuestionarse qué hay más allá del éxito empresarial y económico.

La trayectoria familiar y profesional de ambos los ha posicionado como verdaderos líderes morales y referentes del entorno empresarial, y ahora han decidido poner sus muchos talentos al servicio del país y de los demás.

Claramente estas decisiones se dieron como resultado de su medio tiempo, y desde entonces hemos tenido conversaciones entrañables al respecto que me han servido a mí mismo para vivir de cerca un nivel de compromiso social y de congruencia de vida con el que me identifico plenamente. "Cuando sea grande yo quiero ser como ustedes", les digo no tan de broma cuando me platican el impacto social que han logrado.

Otro caso relevante que me ha tocado es el de un gran amigo italiano, socio director de una de las firmas de abogados más importantes de Italia. Fue mi compañero de maestría hace ya más de 20 años, me invitó de testigo a su boda y vino a México a la mía, hemos seguido una amistad tan cercana como la distancia lo permite, y hoy nuestras familias e hijos conviven con cariño.

Ha sido para mí otro gran ejemplo, un tipo sencillo, profundo y brillante que se ha convertido en un verdadero referente en el ámbito legal en Milán y que ha tenido una trayectoria profesional impresionante, siendo hoy abogado de muchos de los grandes conglomerados europeos.

No me sorprendió que en la última ocasión que platicamos, y que tuvimos como siempre largas conversaciones profundas y retadoras, comparando visiones y filosofías de vida que no siempre coinciden y después de una semana de intensa convivencia y muchas conversaciones en unas vacaciones en Punta Mita respecto a este pegajoso y retador tema del medio tiempo, decidiera hacer ajustes importantes en su profesión con el fin de adecuarla a los intereses propios de la etapa en la que se encuentra.

Mi amigo está aún en pleno proceso de adaptación a sus nuevas responsabilidades profesionales, pero completamente convencido de que los ajustes eran necesarios. Su esposa, editorialista en el *Corriere della Sera,* un prestigiado diario italiano, también enfrenta su propio medio tiempo y está reduciendo su actividad laboral.

No todas las crisis de la mitad de la vida son iguales ni todos los resultados son los esperados. Como ya he explicado, cada uno lo hace a su tiempo, a su manera y de acuerdo con sus prioridades y circunstancias.

El ejemplo que cito a continuación puede ilustrar cómo el medio tiempo tiene más que ver con el anhelo de plenitud que con la condición económica.

Isidoro llegó a casa hace casi 20 años como jardinero, luego se convirtió en chofer, más tarde en colaborador, y hoy administra uno de los negocios de la familia.

Es un tipo del que hemos aprendido muchísimo. Disfruta de la vida y de su familia de forma ejemplar. Es un pilar de su comunidad y los fines de semana, como albañil, ayuda a sus parientes y amigos a construir y remodelar sus casas.

Tiene una filosofía de vida envidiable. Vive más pleno y feliz que muchos de nosotros. Cuando le preguntas por su fin de semana, te narra con detalle el pícnic que organizó con su familia y compadres debajo de un árbol, a las afueras de la ciudad. Con una sonrisa que no le cabe en la boca te explica cómo gozó al ver a sus hijos nadar en el río y a su perro perseguir lagartijas. Y al siguiente lunes te cuenta con pasión cómo terminaron el techo de la casa de su compadre antes de que llegaran las lluvias, y que su comadre le llevó unas "chelas" heladas que le supieron a gloria bajo la sombra de un fresno. A media semana te saluda sin perder la sonrisa, te entrega cuentas exactas y te da pruebas vivas de cómo disfruta también su trabajo. Nos da cátedra de cómo vivir plenamente en sus circunstancias.

Y cuando le preguntas por qué está tan contento, te muestra sus dientes, un tanto descuadrados, y te dice: "Ya entendí que quejarse no sirve para nada. Por eso mejor me decidí a estar contento".

¡Vaya filosofía de vida! Cuántos la quisiéramos para nosotros y los nuestros. Isidoro parece querer decirnos que el estado de ánimo y el bienestar son una decisión personal, una elección. ¿Podríamos aplicar esa filosofía a un concepto más profundo, como el de la felicidad? Hay quien dice que la felicidad es una decisión, por lo que no veo por qué no intentarlo.

La realidad es que, al abrir la caja de Pandora que implica entrar en esta apasionante aventura personal, todo puede suceder. Incluso es probable que no todas sean historias con final feliz.

Un amigo con el que también he hablado del tema, dueño de una exitosa empresa de asesoría inmobiliaria y a quien le apasiona viajar, decidió abrir una carrera paralela con una agencia de viajes. También se animó a comprar viñedos para producir su propio vino, otra actividad que lo entusiasma. Hoy recorre el mundo como agente de viajes y está fascinado al haber hecho realidad su sueño de pasar tiempo en sus viñedos.

De entrada suena muy atractivo. El perfecto segundo tiempo, ¿no es verdad? Sin embargo, en su proceso mi amigo ha descuidado su negocio principal y ha perdido clientes importantes. El servicio y la atención personalizada que lo caracterizaban y que lo llevaron a convertirse en un exitoso asesor ya no están ahí.

Tampoco ha conformado un equipo que le permita mantener la calidad del servicio y dedicar tiempo a su pasión. Parece que no está entrando en su medio tiempo de la manera y en el tiempo apropiados. Está poniendo en riesgo el negocio en el que invirtió tantos años y esfuerzo durante la primera parte de su trayectoria. El tiempo dirá si conseguirá hacer un buen maridaje de su talento en la asesoría inmobiliaria y su pasión por los viajes y el vino.

Si mi amigo no acierta en los tiempos o las formas, o si no logra al menos hacer autosuficientes su agencia de viajes y su viñedo, es probable que en algunos años deba volver a dedicarse de lleno a su negocio central de asesoría inmobiliaria. O lo que quede de éste.

Entrar en el medio tiempo es todo un arte que requiere hacer un balance realista de dónde estamos, qué tenemos y quiénes somos. La revisión de nuestra situación económica es recomendable, pero no es necesario que esté resuelta para el resto de la vida, ya que lo que realmente detona la crisis del medio tiempo es el anhelo de plenitud. Lo económico podría ser más bien un pretexto para vivir posponiendo permanentemente la toma de conciencia respecto a esta etapa trascendental.

Este proceso consiste sobre todo en redescubrir y reconectarnos con quien realmente somos, con nuestros sueños y ambiciones verdaderos, y evaluar la calidad y calidez de nuestras relaciones interpersonales. Esto entre muchas otras cosas.

Un buen ejemplo de ello es el caso de otro amigo con el que también he hablado a menudo sobre el tema y quien ha asistido a algunas de mis presentaciones. Él ha decidido, como resultado de una profunda introspección, tomarse un tiempo lejos de su esposa para abocarse a una búsqueda íntima durante la cual se ha cuestionado de fondo muchos aspectos de su persona y su matrimonio. Sólo él sabe lo que ocupa y preocupa a su corazón.

En las conversaciones que hemos entablado al respecto, cuando me ha pedido mi opinión he destacado la importancia de mantener esa búsqueda genuina, limpia y profunda, y le he sugerido que no se deje influir por circunstancias externas o presiones que puedan hacerlo perder de vista lo que realmente busca: un redescubrimiento que lo haga reconectarse con la verdadera dimensión de su persona y su familia, y que mediante un diálogo abierto y de buena fe su mujer y él encuentren los puntos que los unen y hagan los ajustes necesarios para emprender juntos una nueva etapa.

No sé si al final decidan divorciarse, pero tengo la firme esperanza de que una vez concluida esta búsqueda, regresarán a tener un matrimonio sólido y mucho más cercano que el que han tenido por los últimos 23 años.

Uno de mis primos con quien he compartido el aula desde el kínder, exitoso desarrollador inmobiliario de proyectos insignia en la ciudad, y con quien he comentado a fondo este tema, ha hecho suyo el concepto de una forma tal que —fiel a su personalidad— lo ha difundido entre muchos de sus amigos y conocidos. En la última boda en que coincidí con él, vi que llevaba un par de ejemplares del libro de Bob Buford para regalarlos a unos primos que habían vendido su empresa en una millonada y que claramente tenían que tomar decisiones de vida después de la venta.

Mi primo ha decidido dedicar un buen número de horas de su muy apretada agenda a una serie de interesantes proyectos asistenciales; hoy tiene una fundación que apoya a sus empleados, y participa en distintos consejos y asociaciones civiles. En varias de ellas coincidimos, y he podido constatar su gran visión y su carácter pragmático, que tanto han aportado. He visto con mucha claridad cómo ha invertido sus talentos en causas más nobles, sin dejar por supuesto su exitosa carrera como desarrollador inmobiliario.

Otro ejemplo relevante es el de un amigo texano que, a pesar de las recomendaciones de no tomar decisiones drásticas al pasar por la crisis del medio tiempo, vendió su próspero negocio de tecnología en Boston y se llevó a su familia a vivir a África para dedicarse de lleno a aliviar el hambre y el analfabetismo de ese continente. Sí, se llevó a su esposa y sus tres hijas, y yo tengo mucha curiosidad de saber si se ha cuestionado esa determinación tras haber pasado veranos de 43 grados centígrados en la casucha del pueblo en que aparentemente está instalado y con las condiciones insalubres que me imagino son ya parte de su realidad.

Resuena también especialmente el caso de una de mis hermanas, quien después de ver a sus hijos salir a estudiar a otra ciudad, retomó la carrera de psicología que siempre la apasionó. Hoy la percibo más plena y más libre, inmersa de lleno en sus estudios, una de las pasiones que no pudo desarrollar en su primer tiempo. ¡El riesgo —le digo de broma— es que nos esté psicoanalizando en las comidas familiares sin que podamos darnos cuenta!

No puedo omitir el caso de un prestigioso empresario que se me acercó al final de una de mis sesiones en el IPADE, en la Ciudad de México, y me dijo: "Hugo, estoy confundido con tu presentación porque te puedo decir que me considero una persona muy exitosa. He logrado prácticamente todo lo que me he propuesto. En la vida he conquistado todo…, menos a mi mujer. Y no me malinterpretes: soy una buena persona, tengo una relación cercana con mis hijos, estoy involucrado en muchas instituciones asistenciales, tengo un buen prestigio como empresario, muchos amigos; pero con mi esposa… nomás no he podido. Tenemos años viviendo vidas paralelas. Prácticamente nos dedicamos a soportarnos y a fingir que todo está bien…". Le dije que seguramente él mismo había visto situaciones parecidas con sus amigos o conocidos, a lo que me respondió que todos le sugerían que se divorciara, pero él no quería hacerlo. "No quiero irme por la puerta falsa", decía. Y decía bien.

Así pues, lo primero que hice fue sugerirle que tuvieran la valentía de admitir que existía un problema y la madurez de recurrir a una consultoría familiar. Le dije: "Te puedo decir que si la relación con tu esposa es todavía recuperable, y dedicas tu segundo tiempo a conquistarla, no habrás perdido el tiempo si lo logras". Me parece que su *one thing* para el segundo tiempo bien podría ser conquistar a su mujer.

Como éstos podría aún referir muchos otros ejemplos, pero no quiero ser en exceso repetitivo. Cada persona es distinta, cada caso es apasionante. Tienen mucha razón quienes dicen que para incursionar de verdad en esta crisis es necesario ir más allá de la lógica y la razón, más allá del pensamiento lineal al que estamos acostumbrados, perder un poco la cordura y recordar que "de poetas y locos, todos tenemos un poco".

Ante estos ejemplos, y sobre todo al conocer de primera mano los asombrosos resultados e historias de personas cercanas que decidieron enfrentar su medio tiempo, me pregunto de nuevo: ¿vale la pena replantearse la vida? Y la respuesta llega pronto: sí, claro que vale la pena volver a conectarse con los sueños de juventud y con lo que la vida tiene de aventura. Una aventura apasionante.

LA CRISIS NO RESPETA ETIQUETAS

Hemos conocido casos de hombres y mujeres; personas con mucho dinero y sin él; jóvenes y no tan jóvenes. La crisis nos llega a todos, absolutamente a todos los seres humanos, con independencia de cuál sea su sexo, raza, religión o condición social. No le importa lo que dice tu tarjeta de presentación; le importa lo que eres: un ser humano con ansias de plenitud y felicidad, de trascender.

Me ha servido mucho convivir con personas que, como tú y como yo, se han planteado la forma de tener una existencia más plena y feliz, y han tenido la valentía de pasar de los buenos deseos a las acciones, y de éstas a desarrollar un plan de vida para el segundo tiempo. A fin de cuentas, ése es el objetivo de este libro: invitarte a transitar hacia tu segundo tiempo y diseñar la mejor versión de ti mismo para enfrentar la etapa más apasionante que has vivido hasta ahora.

Cada uno conoce y vive su crisis de forma distinta. He hablado con cientos de personas, y para cada una el proceso tiene su propio color, sabor y circunstancia. El medio tiempo tiene un poder demoledor. Planteado de forma adecuada, en el momento adecuado, por la persona adecuada, es un punto sin retorno.

A veces la crisis nos llega como a San Pablo, tumbándolo del caballo; a veces la enfrentamos de forma suave y paulatina; otras veces aparece como una forma de sana locura, y en ocasiones como un resplandor de sentido común. En cualquiera de sus formas, es un reto que apela a lo más profundo de nuestro ser y nos enfrenta con nuestro propio destino. ¿Habrá algo más apasionante que eso?

Independientemente del marcador que llevas en el partido de la vida, esta crisis te ayudará —con nueva visión y experiencia— a tener un segundo tiempo mucho más rico, más pleno, que te permita generar los frutos con los que habrás de rendir cuentas de los talentos recibidos, pues recuerda que, al que mucho se le diere, mucho se le pedirá. Sólo tenemos que abrir los ojos para darnos cuenta de lo privilegiados que somos y lo mucho que hemos recibido.

Si has llegado a esta página, primero que nada te agradezco de verdad que me hayas acompañado hasta aquí y que como lector hayas formado parte de este proyecto cuyo propósito central es difundir el concepto de la crisis de la mitad de la vida como una herramienta para descubrir y vivir tu misión, detrás de la que se esconden la plenitud y felicidad que todos buscamos.

Si alguno de los conceptos que leíste en este libro hizo eco en ti, si te identificaste con los cuestionamientos plasmados en estas páginas, bienvenido al primer paso de tu segundo tiempo. Déjate sorprender por la riqueza de tu nueva perspectiva.

Y si te encuentras en plena crisis, no desesperes, al contrario. Una crisis bien manejada nos debe dejar con la sensación de estar ante una nueva oportunidad, en el comienzo de una nueva vida. Con un corazón renovado, más cálido, comprensivo y tolerante; capaz de fortalecer nuestras relaciones más cercanas, que constituyen nuestro verdadero tesoro. Una crisis bien llevada nos mostrará una personalidad propia, sabiendo quiénes somos y sin confundirnos con los roles sociales y profesionales que hemos jugado durante años. Con la fuerza de enfrentar nuestros miedos, defectos y errores, y con la valentía de reconocernos frágiles y vulnerables. Con la humildad de reconocer que necesitamos ayuda y habiendo aprendido a pedir perdón.

Nos dejará con un sentido claro de nuestro proyecto de vida y con plena conciencia de que vale la pena vivirla, habiendo hecho un maridaje entre nuestras pasiones y talentos que ya descubrimos al entrar a lo más profundo de nuestro corazón. También con la lección de que el ritmo frenético al que hemos vivido ha sido útil en términos de eficiencia y productividad, pero que ha dejado pocos frutos en nuestra intimidad y vida espiritual, y que ésta debe jugar un rol fundamental en la nueva etapa de vida que enfrentamos. Habremos aprendido a dejar de vivir en un permanente estado de urgencia.

Seremos capaces de desdramatizar la vida y observar con una mirada optimista lo mucho que tenemos que agradecer. De instalarnos con más fuerza en el presente y dejar de distraernos con un pasado inamovible ni con un futuro siempre incierto. De entender que tenemos muy poco control sobre lo que ocurre a nuestro derredor. De ahí la importancia del abandono y la confianza en Dios, como una condición para lograr la anhelada paz interior, sin la cual todo lo demás pierde sentido.

Al pasar la crisis debemos contar con herramientas nuevas e ilusiones renovadas para enfrentar la lucha de convertirnos en la mejor versión de nosotros mismos. Ésa que nos haga transitar hacia la plenitud y trascendencia detrás de la que se esconde la felicidad que tanto buscamos.

Tres años después
Epílogo

Al escribir estas líneas, desde el mismo lugar del Pacífico Mexicano donde empezó mi crisis y a tres años de haber iniciado este profundo encuentro conmigo mismo, hago otra pausa para reflexionar en dónde estoy ahora.

Este epílogo es apenas una foto del punto en el que me encuentro. Sé que la vida es un libro con capítulos por venir. El partido sigue y soy consciente de que el único marcador que cuenta es el final.

Algunas conclusiones saltan de inmediato a la vista. El proceso de la mitad de la vida no es mágico. Y, sobre todo, no es lineal. No todos los pasos son hacia delante. Desprenderse de hábitos, costumbres y formas de ver la vida no es nada fácil. Hay muchos pasos laterales, algunos hacia atrás, y las dudas siguen siempre al acecho.

La vida es una aventura con muchos frentes. Los avances en cada uno son distintos, y tratar de medirlos no es fácil. En mi caso, algunas batallas van mejor que otras. Aunque no he logrado despejar del todo mis dudas existenciales, enfrento la vida con mayor claridad y abordo los problemas con una actitud interior distinta.

Las prisas siguen rondando mis días; sin embargo, también he gozado de muchas etapas de auténtica paz interior, aun en medio del estrés y las presiones propias de la intensidad de mi agenda.

En lo laboral, mi proyecto profesional sigue siendo el eje de mi vida; me he enfocado en los aspectos de mi trabajo que más disfruto y en los que aporto más valor. Paralelamente se han consolidado también otros proyectos que hoy coexisten con naturalidad con mi agenda profesional.

No obstante, también he cometido varios errores de cálculo y he tenido que recular en ciertos emprendimientos que prometían más de lo que eran, o que no eran compatibles con mi proyecto de vida para el segundo tiempo. Por ejemplo, hace una semana regresé de Florida de entregar la vicepresidencia de la asociación internacional de abogados que representa nuestra firma en México y decliné postularme para la presidencia. Puesto que se trataba de encabezar un gran proyecto, debía comprometerme a visitar más de 25 países en los próximos dos años, lo cual no parecía compatible con mi intención de bajar el ritmo de los viajes.

En lo personal, mi relación con los demás (en especial con los más cercanos) es hoy más cálida y humana. Soy capaz de mirarlos a los ojos, y aunque mi capacidad de escucha no ha mejorado, creo entenderlos mejor. La convivencia sigue siendo difícil, pero me parece hoy que mis relaciones son más cordiales y afables.

La relación más importante, que es con mi mujer, sigue en franca mejoría. Nos hemos acercado bastante a la amistad que pretendíamos. Aunque siempre hay espacio para mejorar y con frecuencia el egoísmo sigue poniendo trampas a la relación, los desencuentros naturales cada vez nos toman menos por sorpresa. Me hace ilusión envejecer junto a ella.

Mi hermano, a tres años de su accidente, sigue mejorando poco a poco. Sus piernas no responden aún, pero su ejemplo de lucha y tenacidad sigue permeando fuertemente en su entorno. A decir de muchos de sus amigos, se ha convertido en un ejemplo que les ha cambiado la vida.

Aunque la voracidad de mi agenda no ha terminado de disminuir, y sigue siendo difícil pasar todo el tiempo que quisiera con mis amigos, encuentro con más frecuencia espacios para la convivencia distendida y la conversación pausada con ellos. En muchos casos he logrado pasar de la conversación superficial para "meterme a lo hondo" en nuestra amistad.

Sin duda aún estoy lejos del hombre nuevo que imaginé, pero percibo claros y sobre todo irreversibles destellos de crecimiento interior que influyen en mi forma de ver la vida, y a menudo me sorprendo instalado con inusual intensidad en el presente.

En mi caso, una gran tarea pendiente es sin duda la de seguir aprendiendo a amar. Claramente me falta mucho camino por recorrer. Los avances en esta batalla fundamental son aún incipientes pero perceptibles.

He mejorado en mi capacidad de asombro y de disfrute, pero no en el manejo de las prisas. Aún me rebasa el deseo de hacer demasiadas cosas en un día. Sigo corriendo entre aeropuertos y citas, pero ahora por proyectos de distinta índole y sobre todo con una intencionalidad y actitud diferente. En esta batalla, el llegar con más tiempo y caminar más despacio en los aeropuertos ha sido muy útil. A veces lo logro. Y en esos intentos ahora ya tengo la sensación de que no es la vida quien me lleva por delante, sino que soy yo quien define el rumbo. Y eso ha hecho una gran diferencia.

Ha mejorado mi relación con Dios. La percibo más natural, más cercana, incorporada en mi vida diaria. Mis monólogos con Él a veces logran convertirse en conversaciones. Los destellos de su presencia han llegado a ser conmovedores. Escucho con más frecuencia la sutil voz de la conciencia.

Una batalla que va muy bien es la del abandono a Su voluntad. Esto ha aportado una dosis de paz interior muy valiosa, y ha sido de especial importancia en situaciones y proyectos preocupantes y estresantes.

No he logrado vencer todos mis miedos y algunos dragones internos siguen dando una batalla que creí sería más fácil ganar.

My second half mision life statement (proyecto de vida para el segundo tiempo) es hoy claro y concreto. No lo reviso con la frecuencia que me propuse, pero lo tengo presente. Sigo en una lucha cerrada para incorporar el optimismo a mi forma de ver la vida. Muchas veces mi pesimismo natural se sigue imponiendo.

En pocas palabras, esta crisis ha sido una bendita aventura que agradezco profundamente, y aunque sé que la mejor versión de mí mismo está aún lejos, hoy creo saber dónde estoy y cómo acercarme a ella.

Hoy comprendo con claridad que la felicidad no es un destino sino un camino; tengo la indescriptible sensación de que voy en la ruta correcta. Reconozco también, como me dijo un letrero en el Camino de Santiago, que "hay tantos caminos como caminantes".

Sin duda falta mucho por hacer, aprender y crecer. Hoy más que nunca siento a flor de piel estas palabras de Facundo Cabral: "La vida es una fiesta cuando uno hace lo que ama…".

Por todo esto, te deseo sinceramente que tú también te embarques en tu propia aventura, y que no faltes a la cita contigo mismo que esta crisis supone. Y sobre todo, que a partir de este alto en el camino escribas tu propia historia hacia la plenitud.